불편한 관심

이소원 지음

프롤로그　　　　　　　　　　8

아픔을 마주할 용기

가족의 의미　　　　　　　　15

가정폭력　　　　　　　　　21

반가운 손님　　　　　　　　25

별들의 위로　　　　　　　　29

사랑으로 이어지는 삶　　　　33

불길한 예감　　　　　　　　40

무법지대　　　　　　　　　44

생존 일기　　　　　　　　　52

불편한 관심　　　　　　　　56

불편한 진실　　　　　　　　61

사랑과 배신　　　　　　　　66

달빛의 기억　　　　　　　　72

세 번째 괴물	78
조사 1일 차	86
악몽	91
조사 3일 차	95
조사 9일 차, 절망	99
마지막 희망	103
생명의 모순	108
죽음의 무게	112
아픔을 마주할 용기	116
이방인	121
살아야 했으니까요	125

그럼에도 사랑과 희망이 있기에

사랑의 눈썰매	133
바가지머리 소녀	139
어느 봄날의 기억	144
책은 인생의 길동무	149
추억을 안고 사는 삶	155
딸은 엄마 팔자를 닮는다는 말	158
온전히 나의 삶에 집중할 것	162
나의 오랜 친구에게	165
안녕, 나의 20대	169
5월의 어느 날, 고즈넉한 한옥에서	173
주인 없는 편지	176
짬뽕 한 그릇의 위로	180
이상한 이웃	186
보금자리	193
결혼식 날	197

신혼여행	201
가족사진	204
등잔 밑이 어두운 법	208
그럼에도 사랑과 희망이 있기에	211
누구보다 나를 사랑하기로	214
나를 찾아가는 여정	218
당연하지 않을 것들	221
용서라는 이름으로	224
아픔도 하나의 경험으로 받아들이는 것	227
사랑하는 어머니에게	230
뚜벅뚜벅, 당당하게	234
다 그럴만한 이유가 있다고	237
포기하지 않는 한 삶은 언제나 내 편	241
에필로그: 작가의 말	245

프롤로그: 당부의 말

 누군가 나의 아픔을 알아준다는 사실 하나만으로도 위로가 될 때가 있습니다.

 이 책은 지난날 제가 겪었던 가정폭력과 성폭력에 관한 이야기입니다. 사실 이 원고를 집필하기까지 고민을 참 많이 했습니다. 누군가에겐 알고 싶지 않은 불편한 진실이 될 것 같아서요. 그럼에도 이 원고를 집필하게 된 이유는 오랫동안 마음속 깊이 묻어두었던 저의 지난 아픔을 마주하기 위해서였습니다. 제 이야기가 누군가에게 용기와 희망을 줄 수 있다면 그 사실 하나만으로도 이 책의 의미는 충분하다고 믿습니다.

단지 아픔만을 담은 게 아니라 삶에 대한 의지와 희망도 함께 담았습니다. 책을 읽는 동안 제 아픔에 공감해주시는 것은 좋지만, 적어도 이 책을 덮는 순간에는 아픈 감정보다는 삶에 대한 용기와 희망이 여러분의 마음속에 깊이 스며들길 소망합니다. 누구에게나 감추고 싶은 아픈 비밀 하나쯤은 있습니다. 그리고 언젠가 그 비밀을 마주해야 할 때가 있습니다. 부디, 이 책이 그 비밀을 마주할 때 작은 용기가 되어주길 바라봅니다.

어둠의 시기를 지나 삶의 희망을 찾고 싶은 분들께 드립니다.

아픔을
마주할 용기

가족의 의미

  나에게 가족은 그리움의 대상이다. 남들보다 일찍 부모님을 여의면서 나에게 가족은 하나의 꿈이자, 다신 만날 수 없는 존재가 되었다. 적어도 지금까지는. 유년 시절까지는 나도 남들처럼 지극히 평범한 가정에서 자랐다. 종종 아빠의 술버릇으로 인한 가정폭력은 있었지만 말이다. 모순적이게도 그때가 우리 가족이 함께한 유일한 시간이기도 했다. 나의 유년 시절과 탈북과정을 담은 첫 번째 수필집 『외롭지만 불행하진 않아』에서도 언급했지만, 내가 9살이 되던 해부터 우리 집안의 형편은 점점 더 어려워졌다. 그로 인해 엄마는 돈을 빌려보겠다며 집을 나갔고, 그 이후 행방불명이 되어 집으로 돌아오지 않았다. 엄마가 행방불명되고 1년이 지난 다음 해 아빠도 선박사고로 세상을 떠나게 되었다. 그렇게 나와 동생은 한순간에 고아가 되어버렸다. 나와 동생은 시신도 찾지 못한 아빠의 죽음을 쉽게 받아들일 수 없었다. 새엄마 역시 아빠의 죽음을 받아들이지 못하긴 마찬가지였다.

사실 아빠가 배를 타게 된 것도 새엄마 덕분이었다. 엄마가 행방불명된 후 아빠는 경찰서에서 권고사직을 당했고, 그 후 아빠는 당장 나와 동생을 먹여 살려야 한다는 책임감에 괴로워했다. 그때 한 지인이 새엄마를 소개해줬고 그때부터 같이 살게 된 것이었다. 새엄마는 우리 아빠를 참 좋아했다. 그래서인지 아빠가 선박사고로 세상을 떠난 후에도 새엄마는 아빠의 죽음을 믿을 수 없다며 여러 무속인을 찾아다니며 신점을 봤다. 더욱이 새엄마는 자신의 친오빠도 함께 그 배에 있었으니 동시에 소중한 두 사람을 잃게 된 셈이었다. 새엄마는 아빠의 선박사고 이후 당분간 나와 동생을 돌봐주었다. 하지만, 어딘가에 살아있을 것이라는 무속인들의 말에도 아빠와 새엄마의 친오빠는 끝내 돌아오지 않았다. 결국, 기다림에 지친 새엄마는 다시 자신의 자리로 돌아갔고 나와 동생만이 텅 빈 집에 남게 되었다.

  9살 때부터 시작된 나의 불안정한 삶은 고등학교 시절까지 이어졌다. 나에게 남은 유일한 가족인 소중한 동생을 이모 집으로 떠나보내며 나는 외톨이가 되었다. 나보다 더 어린 동생을 나 혼자 돌봐줄 수 없었기에 막내 이모에게 돌봐달라고 부탁했다. 다행히 막내 이모는 동생을 딸로 키워주겠다고 했다. 덕분에 나는 안심할 수 있었다. 그 후 나는 외가댁 친척 집을 전전긍긍하며 떠돌이 생활을 했다. 큰이모 집에서도 잠시 살고, 외삼촌 집에도 왔다갔다하며 주로 외할머니 집에서 생활했다. 그러다 17살이 되던 무렵 막내 이모가 사는 개성으로 가게 되었고, 그곳에서 몇 년 전 이별했던 동생을 다시 만날 수 있었다. 오랜만에 만난 동생이 처음에는 어색하고 서먹했지만 우리는 금세 친해졌다. 피는 물보다 진하다는 말을 실감하는 순간이었다. 그렇게 몇 년 만에 동생과 소소한 일상을 보내던 중 9살 때 행방불명됐던 엄마로부터 전화가 왔다. 이모는 나를 따로 불러 엄마가 나를 찾는다며 엄마에게 갈 마음이 있는지 물었다. 많은 고민 끝에 엄마에게 가겠다고 말했다. 사실 엄마가 찾는다고 이모로부터 전해 들었을 때 고민이 많았다. 몇 년 만에 만난 동생과 이제 막 친해지고 있었는데, 나만 훌쩍 엄마를 만나러 가기엔 동생에게 많이 미안했기 때문이었다. 동생도 함께 갈 수 있었다면 참 좋았겠지만, 자칫 잘못하면 목숨이 위험한 길이었기에 쉽게 함께 갈 수도 없었다. 어쩔 수 없이 난 동생을 이모 집에 남겨두고 엄마를 만나러 가기로 했다. 하지만, 나의 선택엔 늘 위험이 따라왔다. 생사가 오가는 국경을 넘어 엄마를 중국에서 만났지만, 엄마를 만난 지 얼마 되지 않아 엄마는 북한으로 다시 북송되었고 나는 또다시 낯선 타국(중국)에서 외톨이가 되어야만 했다. 다시 한번 살기 위해 목숨을 걸어야 하는 상황이 된 것이었다. 타국에서의 생활은 고향에 있을 때보다 더 외롭고 힘든 시간이었다. 도움을 청할 사람도 없었고, 말도 통하지 않았고 무엇보다 무국적자의 신분이었기에 쉽게 어디를 갈 수도 없었다. 하지만 그렇다고 손 놓고 있을 수도 없었다. 살기 위해선 뭐든 해야만 했고 앞날이 창창한 내 삶을 포기할 수 없었다. 나는 정신을 차리고 예전에 엄마와 친분이 있던 지인이 생각나서 그분에게 연락했다. 다행히 그분이 한국으로 갈 수 있게 브로커를 소개해주었고 그 덕분에 한국으로 올 수 있었다. 하늘이 무너져도 솟아날 구멍이 있다는 말을 이럴 때 쓰는 것일까. 삶에 대한 의지와 용기가 당시의 나를 살렸다고 믿는다. 그때 나에게 삶에 대한 의지와 용기가 없었다면 아마도 지금의 내 삶은 없었을 것이다.

지난 나의 삶을 돌이켜보면 폭풍과도 같은 시간이었다. 수없이 몰아치는 인생의 파도 속에서 나는 수없이 넘어지고 다시 일어서기를 반복했다. 그리고 그 과정에서 내 삶에 대한 애착이 더욱 커졌다. 고된 역경 속에서도 바르게 잘 살아올 수 있었던 이유는 가족과 함께한 소중한 추억들이 있었기 때문이었다. 남들보다 일찍이 부모님의 부재를 경험했지만, 그 자리를 할머니 할아버지가 대신해줬기에 가족의 사랑과 온기를 잊지 않을 수 있었다. 세상 누구보다 사랑과 정성으로 키워주신 할머니 할아버지는 나에게 부모 이상의 존재들이다. 여전히 나에게 가족이란 그리움의 대상이면서도 멀게만 느껴지는 존재이기도 하다. 그리움만큼이나 떨어져 지낸 시간이 길기에 서로 어색하고 서먹한 부분도 있을 테니까. 하지만 이러한 소원함이 결코, 가족을 그리워하는 내 마음에 벽을 세울 순 없다고 믿는다. 오늘도 나는 언제 만날지 모르는 우리 가족의 안부를 멀리서나마 건네본다. 다시 만나는 그날까지 부디, 건강히 잘 지내주기만을.

가정폭력

 나에게 화목하고 단란한 가족에 대한 기억은 거의 없다. 단지, 어릴 적 아빠의 직업이 경찰이어서 남들보다는 조금 나은 가정형편에서 살았던 기억만 있을 뿐이다. 삶은 멀리서 보면 희극이고 가까이서 보면 비극이라고 했던가. 남들 눈에 비친 화목하고 단란한 우리 가족의 모습은 아빠의 잦은 폭력으로 일상이 조금씩 파괴되고 있었다. 평소 술을 좋아했던 아빠는 거의 매일 술을 마셨고, 술을 마시면 인사불성이 되어 가정폭력을 일삼았다. 내가 유치원에 다닐 때쯤부터인가 시작되었던 아빠의 폭력은 날이 갈수록 심해졌다. 술 마신 날은 집 안 가전을 부수고 엄마를 때리는 것이 일상이었으니까. 아빠의 심한 폭력에도 엄마는 한 치의 물러섬도 없이 아빠와 맞서 싸웠다. 결국, 물리적으로 힘이 약한 엄마는 여기저기 멍들 때까지 맞았고, 아빠는 엄마가 조용해질 때까지 폭력을 행사했다. 지금도 기억나는 건 엄마를 부엌 마룻바닥에 가두고 목을 조르고 재떨이를 던져 엄마 머리를 터지게 했던 장면이다. 20여 년이 지난 지금도 선명하게 기억나는 걸 보면 당시 어린 나에게 큰 충격이었던 것 같다. 아빠가 재떨이를 엄마에게 던진 그날 어린 나이에도 불구하고 나는 엄마를 구하겠다고 아빠의 두 손을 꽉 붙들고 울부짖었다.

"엄마, 얼른 도망 가!!! 죽여, 차라리 날 죽여. 이 새끼야."

어린 내가 분노하여 어른에게 해서는 안 될 말을 아빠에게 하고 말았다. 하얀 눈 위로 빨간 핏방울이 뚝뚝 떨어졌고, 엄마의 모습은 점차 멀어져 갔다. 추운 겨울날 엄마의 머리에서 빨간 피가 뚝뚝 떨어지는 모습을 보며 나는 순간 이성의 끈을 놨다. 아빠는 날 죽이라며 울부짖는 나를 번쩍 들어 안고서 엄마에게 다시 돌아오라고 협박했다. 나는 또다시 나 때문에 주춤하는 엄마를 향해 소리쳤다. 제발 얼른 도망가라고. 다음 날 엄마는 동네 이웃집에서 잠시 머물다 이른 새벽에 조용히 집으로 들어왔다. 나와 아빠는 서로 소리 지르다 제풀에 지쳐 잠이 들었다. 엄마는 조용히 집에 들어와서 나와 동생을 깨웠다. 아빠는 정신없이 자고 있었다. 엄마와 동생 그리고 나는 바로 외할머니 집으로 갔다. 할머니는 또 싸웠냐며 혀를 끌끌 차며 밥을 차려주었다. 아빠가 술 먹은 날은 거의 할머니 집으로 갔었기 때문에 할머니도 이젠 그 상황에 익숙해진 것이었다. 딸이 계속 맞아서 얼굴 곳곳에 멍이 들어 집으로 올 때마다 할머니는 이혼하라고 했지만, 엄마는 그럴 때마다 애들이 있는데 어떻게 그러냐며 이혼하지 않았다. 어른들의 세계를 다 이해할 수 없었던 나는 맞으면서도 아빠와 함께 살려는 엄마가 조금은 미련해 보이기도 했다.

성인이 된 지금도 당시 엄마와 아빠의 관계를 잘 모르

겠다. 정말 우리 때문에 당신이 폭력을 당하면서도 가족이라는 울타리를 유지했던 것인지 아니면 정말 아빠를 사랑해서였는지 말이다. 하지만 또 한편으로 생각해보면 아빠는 술 취했을 때만 제외하면 정말 반듯한 사람이었다. 잘생기고 키도 크고 평소에는 정말 말 한마디 없이 조용하고 차분한 사람이었으니까. 돌이켜보면 아빠의 가정폭력이 잦아진 시기는 우리 집안 형편이 어려워지면서부터였다. 아빠의 그런 마음이 이해는 되지만, 어떤 이유에서든 폭력은 절대 해서는 안 되는 것이었다. 아빠의 술주정을 시작으로 엄마가 행방불명되기 전까지 우리집은 가정폭력이 끊이지 않았다. 당시 북한에는 가정폭력이란 용어 자체도 없었다. 그냥 때리면 맞는 것이 그저 일상생활의 일부였다. 그렇게 동생과 나는 아주 어릴 적부터 가정폭력에 노출되었고, 그 폭력을 시작으로 나는 정말 외롭고 불행한 유년 시절을 보냈다. 그때까지만 해도 내가 앞으로 이보다 더한 폭력을 겪게 될 것이라곤 상상조차 못 했다.

반가운 손님

 무더운 여름이 한창이던 어느 날. 우리 집으로 검은색 정장을 입은 한 남자가 찾아왔다. 깔끔한 정장 차림으로 할머니 집으로 온 낯선 남자는 참 반가운 손님이었다. 낯선 사람이 반가운 손님인 이유는 당시 중국으로 간 사람들이 대부분 사람을 보내서 자신의 소식을 전해왔기 때문이다. 즉, 가족 중에 누군가 행방불명됐다면 그 사람은 중국에 갔을 것이고 언젠가는 반드시 낯선 사람이 찾아와 가족들에게 소식을 알려준다는 것이 암묵적인 소문이었다. 가뭄이 절정에 달하던 계절, 낯선 사람의 방문이 그토록 반가운 이유이기도 했다. 낯선 남자가 가져온 상자에는 평소에는 비싸서 쉽게 사서 먹을 수 없는 중국 과자와 식료품들이 가득 들어있었다. 그는 상자와 함께 작은 봉투를 할머니에게 건넸다. 봉투에는 중국 돈과 엄마의 편지가 들어있었다. 할머니가 봉투를 확인하는 사이 그 사람은 주위를 살피며 조용히 말했다.

"따님이 보내서 왔습니다."

나와 할머니는 순간 어리둥절한 표정으로 그 남자를 쳐다봤다. 남자는 나와 할머니를 번갈아 보더니 딸이 보낸 것이 맞으니 안심하라는 듯 고개를 연신 끄덕였다. 낯선 남자는 그렇게 세상에서 가장 반가운 소식을 전해주고는 서둘러 자리를 떠났다.

당시엔 중국으로 팔려가는 사람들이 많다는 소문이 돌고 있어서 동네 사람들의 감시가 더 삼엄해진 시기였다. 누군가 우리 집에 낯선 사람이 오는 걸 목격이라도 한다면 우리 집은 한순간에 모두의 감시 대상이 되기에 더 조심할 수밖에 없었다. 안 그래도 엄마가 행방불명되고 난 후 동네 사람들 의심의 눈초리가 더욱 예민해진 상황이었으니까. 그 사람이 떠난 뒤 할머니와 나는 엄마가 보내준 편지부터 읽어봤다. 편지 내용은 그동안 중국에서 자리 잡느라 연락을 못 했다는 것과 미안하다는 말 그리고 우리 가족의 안부를 묻는 것이 대부분이었다. 할머니는 엄마의 편지를 들고 한참을 흐느끼며 울었다. 엄마가 살아있다는 소식에 안도의 눈물을 흘리는 것 같았다. 나는 엄마가 살아있다는 사실이 마냥 기쁘고 행복하기만 했다. 할머니는 그렇게 한참을 흐느낀 후에야 엄마가 보내준 돈과 식품 상자를 살펴봤다. 정확히 얼마를 보내줬는지는 기억나진 않지만, 당시 중국 돈으로 꽤 많이 보내줬던 것 걸로 기억한다. 할머니는 일단 저녁에 할아버지가 퇴근하면 이 돈을 어떻게 할지 의논하자고 했다. 편지에는 할머니, 할아버지 그리고 나와 동생을 위해 이 돈을 써달라고 쓰여있었다.

그날 저녁 할머니는 퇴근하고 집으로 돌아온 할아버지에게 낮에 있었던 기쁜 소식을 전했다. 할아버지는 마치 알고 있었다는 듯이 무덤덤하게 듣고 있더니 그 돈은 자녀들을 다 불러서 같이 나누는 게 좋겠다고 했다. 할머니도 할아버지의 의견에 동의했다. 어린 나의 의견은 따로 묻지도 않았다. 의견이 있었어도 아마 반영되지 않았을 것이다. 결국, 할아버지의 결정대로 엄마의 형제자매들을 모두 불러 엄마의 소식을 알리고 돈도 똑같이 나눠서 주었다. 다들 엄마가 살아있다는 소식에 기뻐했지만, 그 기쁨도 잠시였다. 할아버지가 적당히 각 가정의 형편에 맞게 배분해서 줬음에도 서로 자신이 더 돈이 필요하다고 주장했고 결국 형제자매간의 의가 상하기 시작했다. 그 날 이후 친척들 모두가 날이 갈수록 엄마의 도움을 바라게 되었고 그로 인해 서로 마음 상하고 관계에 균열이 가는 일이 늘어나기 시작했다. 얼마 되지 않는 돈 몇 푼 때문에 서로 싸우는 자식들의 모습에 실망한 할아버지는 다시는 도움받을 생각하지 말라며 모두 집으로 돌아가라고 화를 냈다. 엄마가 살아있다는 소식은 직계 가족인 우리 자매와 할머니 할아버지에게만 기쁜 소식이었던 걸까. 무더운 여름날 갑자기 나타난 낯선 이의 방문은 적어도 우리 자매와 할머니 할아버지에겐 반가운 손님이 틀림없었다.

별들의 위로

"할머니, 빨리 와서 같이 먹어."

사촌오빠가 밥을 한술 뜨며 말했다. 외삼촌네 가족이 할머니네와 같은 동네에 살면서 사촌오빠와 사촌동생은 할머니 집에 자주 왔다. 잦은 떠돌이 생활로 친구가 없는 나에겐 사촌오빠와 동생의 방문은 무척 반가웠다. 특히 할머니와 할아버지는 집안의 대를 이을 사촌오빠를 무척 예뻐하고 자랑스러워했다. 딸 셋, 아들 하나인 할아버지 할머니에겐 집안의 대를 이을 장손이었으니 그럴 만도 했다. 부엌일을 마무리하고 할머니가 밥상에 앉자 조용하던 식사 자리에 활기가 돌았다. 오늘도 할아버지는 말없이 식사만 했다. 동네 사람들은 그런 할아버지를 법 없이도 살 사람이라고 했다. 그럴 때마다 할머니는 못마땅하게 생각했다. 저놈의 영감탱이 사람 좋은 척한다며 구박을 주기도 했다. 할머니의 그런 구박에도 할아버지는 늘 아무런 대꾸도 하지 않았다. 줄기침을 하면서도 담배를 말아서 피우는 것이 전부였다. 할아버지의 유일한 낙은 텃밭에 심은 담뱃잎을 뜯어서 말려 피우는 것이었다. 육류 알레르기가 있는 할아버지는 오늘도 땀을 흘리며 된장에 매운 고추를 찍어 먹을 뿐이었다. 그런 할아버지와 달리 할머니는 유난히 말하는 걸 좋아했다. 사촌오빠 역시 할머니와 대화가 잘 통했다. 어느새 할머니와 사촌오빠 둘이서 이야기꽃을 피우고 있었다. 요즘 금값은 어떤지 앞으로 뭘 하면 좋을지 모르겠다는 등 현실적인 주제들이었다. 당시 할머니 집 동네에서는 금을 캐서 먹고사는 사람들이 대부분이었는데 나와 사촌오빠도 금 캐는 일을 자주 했다.

"고모는 또 언제쯤 돈 좀 보내주려나. 정기적으로 보내주면 참 좋을 텐데."
"거기라고 뭐 돈 벌기 쉽겠어? 보내주면 고마운 거지. 바라면 안 돼."

할머니는 바라면 안 된다고 말하면서도 내심 바라는 눈치였다.

"에이, 그래도 중국은 여기보다 먹을 것도 많고 잘살겠지. 안 그래?"
"…"

사촌오빠는 나를 보며 말했다. 나는 잘 모르겠다는 표정을 짓고는 아무 말도 하지 않았다.

"누가 도와주길 바라지 말고 알아서들 살 생각해."

할아버지의 말은 군더더기 없이 깔끔하고 단호했다. 저녁 식사 자리에서 할아버지가 한 유일한 말이었다.

사촌오빠는 괜히 머쓱했는지 본인도 안다며 그냥 한번 고모 생각나서 이야기해봤다며 말을 돌렸다. 오랜만에 가족들과 함께한 온기가 도는 저녁이었다.

 그날 밤 창밖에선 밤하늘의 별들이 유난히 반짝이고 있었다. 밤이면 어김없이 그 자리에서 반짝이는 저 별들이 나는 참 좋았다. 어떤 상황에서도 변함없이 그 자리에서 빛나고 있는 별들이 나를 위로해주는 것만 같아서였다. 어느 날 갑자기 엄마가 집으로 돌아오지 않은 날에도, 오징어 잡으러 나갔던 아빠가 선박사고로 집으로 돌아오지 못한 날에도, 동생과 이별하던 날에도 저 별들만이 같은 자리에서 빛나고 있었다. 내 의지와는 다르게 모든 것이 예상치 못하게 찾아오는 삶의 변화 속에서 오직 밤하늘의 별만이 그 자리 그대로였다. 그런 별들이 나에겐 참 위로가 되었다. 급변하는 세월의 흐름 속에서 있어야 할 자리에 그대로 있어 준다는 것만으로도 얼마나 감사한 일인지 새삼 깨달았다. 전기가 없는 어두운 방을 밝혀주고 어두운 밤하늘을 밝은 빛으로 가득 채웠던 별들의 존재는 외롭고 힘든 시간을 보내던 나에겐 위로 그 자체였다.

사랑으로 이어지는 삶

"집에 밥 좀 있어?"

며칠 후 사촌오빠는 또 밥 먹으러 할머니 집으로 왔다. 마치 할머니 집에 쌀이라도 맡겨둔 것처럼 배고프면 자연스럽게 찾아오곤 했다.

"할머니 점심으로 남겨놓은 밥밖에 없어."
"점심시간이 지났으니까 할머니 저녁에 오겠지?"

나에게 동의를 구한다는 듯한 말투로 물었다.

"그 전에 올 수도 있어. 내가 할머니 밥을 먹은 날엔 꼭 오후에 일찍 와서 몇 번이나 혼난 적이 있어."
"그래? 고민되네…. 배고픈데."
"오빠 집에는 밥이 없어?"
"없어. 요즘 엄마 혼자 일하고 있어서 하루에 한 끼라도 제대로 먹으면 다행이야."

한때는 동네 사람들의 부러움을 한 몸에 받으며 유명세를 타던 외삼촌이 병명도 모른 채 몇 년째 앓아누운 후로 외삼촌네 집안 형편은 급격히 어려워졌다. 사촌오빠와 사촌동생도 외숙모를 도와 금을 캐긴 했지만, 금을 캐는 날보다 허탕 치는 날이 더 많았다. 사촌오빠는 오늘도 금을 캐고 왔는데 허탕 치고 왔다며 너스레를 떨었다. 힘들게 일하고 집에 갔지만, 밥도 없고 집에 사람도 없어서 할머니 집으로 왔다고 했다. 나는 어쩔 수 없이 할머니 밥을 내주었다. 사촌오빠는 순식간에 밥 한 그릇을 해치웠다. 만약 할머니가 와서 뭐라고 하면 자기가 먹고 갔다고 하라고 했다. 나는 '저번처럼 할머니가 오후에 일찍 와서 밥을 찾으면 어떡하지?' 하며 마음 졸이며 저녁이 되기를 기다렸다.

 다행히 할머니는 그날 저녁이 되어서야 집으로 왔다. 오늘은 여러 사람 이발을 해줬다며 뿌듯해했다. 그리고 그 결과는 할머니의 배낭을 통해서 확인할 수 있었다. 할머니의 분신과도 같은 배낭 안에는 내가 가장 좋아하는 초코비스킷과 쌀, 옥수수 국수가 들어있었다. 할머니는 출장 이발사였다. 어쩌다 동네 사람들 머리를 해줄 때는 집에서 해주었다. 그렇게 몇십 년을 출장 이발을 해오며 할머니에게도 단골손님이 생겼다. 단골손님들이 돈이 없다고 하면 무료로 이발해주기도 하고 때로는 이발 값 대신 물건을 받아오기도 했다. 할머니는 오늘의 벌이가 꽤 만족스러웠는지 오늘 저녁은 쌀밥을 해 먹자고 했다. 얼마 만에 맛보는 쌀밥인지. 쌀밥 한 그릇에 온 가족의 미소가 번졌다. 따로 반찬도 필요 없었다. 쌀밥의 고소함이 입안 가득 퍼지며 잠시나마 내일의 먹을 것 걱정이 모두 사라지는 저녁이었다. 특히, 이가 없어 늘 소화가 잘 안 되는 할머니에게 흰쌀밥은 더욱 귀하고 반가운 음식이었다. 오늘도 할아버지는 아무 말도 하지 않았다. 할머니는 그런 할아버지가 늘 불만이다. 고맙다는 말 한마디, 오늘도 먹을 것을 구해오느라 고생했다는 말 한마디 없이 염소처럼 줄담배만 피우는 할아버지를 못마땅해했다. 그런 할머니의 구박에도 할아버지는 늘 침묵을 지켰다. 나는 가끔 그런 할아버지와 할머니의 관계가 이해되지 않았다. 저렇게도 다른 두 사람이 어떻게 결혼해서 자식 넷을 낳아서 키웠을까. 할아버지의 모든 것이 불만인 할머니는 어떻게 할아버지를 사랑하게 된 걸까. 언젠가 나는 할머니에게 할아버지를 어떻게 만나게 되었는지 물어본 적이 있다. 할머니는 목도리를 뜨며 할아버지와의 만남에 대해 이야기해주었다.

"너희 할아버지 젊었을 땐 멋있었지. 한창 전쟁이 터져서 방공호에 대피해 있었는데, 그때 웬 군인들도 들어온 거야. 그때까지만 해도 몰랐어. 너희 할아버지가 팔로군인지."
"팔로군? 그게 뭔데?"

"팔로군이라고 6.25 전쟁 난 당시에 중국에서 지원 보내준 군인들이야."

"뭐야, 그럼 할아버지 중국 사람이었어?"

"중국 사람 아니고, 화교지."

"화교? 그럼 할아버지 아버지가 조선 사람이었나? 아니면 어머니?"

"할아버지 아버지가 조선 사람이었어."

"와…. 우리 할아버지 대단하네!!"

할머니는 내 말에 동의한다는 듯이 미소를 지어 보이며 말을 이었다.

"지금은 저렇게 볼품없게 늙어버렸지만, 젊었을 땐 굉장했어. 일본 유학도 다녀오고 잘생겨서 따라다니는 여자들도 많았어."

"그럼 할머니 경쟁 상대도 많았겠네? 근데 할아버지 어떻게 꼬셨어?"

"꼬시긴 뭘 꼬셔. 너희 할아버지가 먼저 나를 꼬셨지."

할머니는 새침하게 말했다. 아직도 그때의 기억이 선명한 듯했다. 할머니의 새침한 표정에서 잠시나마 할머니의 처녀 시절을 엿볼 수 있었다. 나는 할머니의 잔소리에도 군소리 안 하는 할아버지를 대신해 한마디 했다.

"할머니는 좋겠다. 얄미워하고 구박할 사람이 있어서. 아직 사랑이란 걸 해본 적은 없지만, 할머니 할아버지를 보고 있으면 이런 게 사랑인가 싶어."
"싱거운 소리 작작하고 잠이나 자."

할머니는 괜히 민망했는지 말을 돌렸다. 할머니의 그런 모습마저 귀엽고 사랑스러웠다. 특히, 눈썹이 없어 마치 모나리자 같은 할머니 특유의 표정이 사랑스러웠다. 사랑이라는 감정을 제대로 느껴본 적 없지만, 할머니 할아버지의 애정 어린 관계를 보며 나는 배웠다. 사랑이란 서로를 미워하기도 좋아하기도 하는 복잡미묘한 애증의 감정이라는 것을. 알다가도 모르겠는 나의 마음처럼 사랑의 감정도 때로는 알다가도 모를 애매한 감정이라는 사실을. 오랜만에 맛보는 쌀밥에 밥알을 헤아리듯 나의 감정도, 사랑의 감정도 헤아릴 수 있으면 얼마나 좋을까.

  우리 할머니 할아버지의 사랑 이야기는 전설도 소설도 아니다. 그저 사랑으로 삶을 이어온 두 사람의 삶의 한 페이지라고 할 수 있다. 인간은 사랑의 결과물이고 우리의 삶은 그 사랑을 지키며 살아가는 것일 테다.

불길한 예감

 얼마 전부터 사촌오빠의 방문이 전보다 더 잦아졌다는 느낌이 들었다. 그동안은 늘 사촌오빠의 방문이 반갑고 기뻤지만, 어느 순간부터 오빠의 방문이 반갑지 않게 느껴졌다. 어쩌면 당시 내가 사춘기를 겪는 시기여서 그랬을지도 모르겠다. 하지만 그때 당시에는 사춘기라는 말도 모를 때였다. 언젠가 한 번은 자기 집처럼 자주 오는 오빠에게 할머니 할아버지도 없는데 왜 이렇게 자주 오냐고 물은 적이 있다. 오빠는 아무렇지 않게 나 보러 온다고 했다. 처음엔 대수롭지 않게 넘겼다. 하지만 시간이 지날수록 사촌오빠의 방문은 더 잦아졌고 나의 불길한 예감은 한순간에 성폭행이라는 지옥 같은 현실로 다가왔다.

 사촌오빠에게 처음 성폭행을 당한 날 나는 수치심에 하염없이 울었다. 언젠가부터 할머니 할아버지가 없는 낮에 찾아오는 것을 보며 조금 이상하다고 생각했지만, 내 생각은 딱 거기까지였다. 사촌오빠라는 인간이 나에게 그런 짓을 할 것이라고는 상상도 못 했으니까. 적어도 사촌오빠에게는 할머니 할아버지가 집을 비운 낮이 나를 범하기에 최적의 시간이었다. 인적이 드문 단독주택에다 낮에는 모두가 일하러 가서 사람이 없었으니까. 사촌오빠는 그 시간을 정확히 알고 이용했다. 나를 성폭행 한 그날 이후로 사촌오빠는 나에게 더 이상 가족도 오빠도 아닌 괴물이었다. 처음 나를 성폭행한 날도 평소처럼 내가 보고 싶어 왔다며 방 안으로 들어왔다. 그날의 그 웃음과 말투는 소름이 끼칠 정도로 징그럽고 역겨웠다. 갑자기 나보고 옷을 벗어보라며 농담처럼 이야기하더니 이내 관계를 가져 보자고 했다. 나는 바로 거

절했다. 그러자 또다시 능글맞은 웃음을 지으며 해보자고 했다. 마치 새로운 놀이를 하는 것처럼 가볍고 쉽게 말했다. 나는 싫다고 단호하게 말했다. 나의 단호함에 그 괴물은 순식간에 괴물로 돌변했다. 눈 깜짝할 사이에 내 몸은 알몸이 되었고 그 인간은 내 위에서 야릇한 신음소리를 내며 느끼고 있었다. 그리곤 이내 허연 정액을 내 배 위로 뿜어냈다. 더러웠다. 그 순간 내 몸은 내 것이 아닌 것 같았다. 할 수만 있다면 내 몸과 마음을 분리시키고 싶었다. 여자로서의 신체 변화가 막 시작될 무렵 나는 사촌오빠라는 괴물로부터 평생 씻을 수 없는 치욕스러운 성폭행을 당했다. 하지만 성폭행을 당한 사실보다 나를 더 힘들게 한 건 이 사실을 그 누구에게도 말할 수 없다는 것이었다. 그날 이후 나의 지옥 같은 삶이 시작되었다. 그리고 세상에서 가장 편하고 안전했던 할머니 집은 나에게 더 이상 안전한 곳이 아니었다.

이제 막 사춘기가 시작되고 여자로서의 정체성과 성장이 시작될 때쯤 가족이라는 탈을 쓴 괴물에게 무자비하게 성폭력을 당하고 나는 점점 더 고립되고 고독해졌다. 나의 고통과 고독함이 심해질수록 사촌오빠라는 괴물은 더욱 끈질기게 달려들었다. 마치 먹잇감을 찾는 하이에나처럼 할머니 할아버지 없는 시간을 틈타 매일같이 할머니 집에 찾아왔다. 나는 더 이상 그 괴물의 얼굴을 보고 싶지 않았다. 부득이하게 혼자 집에 있는 날이면 문을 잠그고 숨어있었다. 혹시라도 와서 문을 두드리는 날에는 창가에서 안 보이는 쪽으로 숨어서 다시 돌아갈 때까지 숨 한번 제대로 못 쉬고 웅크리고 앉아 있었다. 마치 죄라도 지은 듯이. 피해자는 나인데 나는 나의 피해를 누구에게도 말할 수 없었다. 특히 당시에는 성폭행이라는 정확한 용어도 몰랐고 더욱이 그 일을 내 입 밖으로 내는 순간 우리 집안의 분위기가 어떻게 될지 상상조차 안 됐다. 무엇보다 내가 말을 한다고 해도 해결될 것 같지도 않았다. 결국, 난 혼자 외로운 싸움을 할 수밖에 없었다. 누구도 대신해 줄 수 없는 절망적인 상황에서 내가 할 수 있는 건 오직 살기 위해 버티는 것뿐이었다. 그렇게 나는 고통으로 얼룩진 사춘기를 보냈다.

무법지대

 사촌 오빠라는 괴물에게 성폭행을 당한 이후 나의 삶은 불안정하고 고독해졌다. 세상에서 가장 안전하고 보호받아야 할 가족이라는 이름 아래 나는 철저히 짓밟혔다. 누구도 나의 고통에 공감할 수 없었다. 그래서 더 고독하고 외로웠다. 나를 가장 사랑하는 할머니와 할아버지에게조차도 감히 이 사실을 말할 수 없었으니까. 나만큼이나 아니, 어쩌면 나보다 더 그 괴물을 사랑하는 할머니와 할아버지에게 이 사실을 알릴 용기가 없었다. 그때까지만 해도 딸보단 아들이 귀하고 장손이 귀

한 시대였으니까. 나는 그날 이후 밖으로 나가는 것도 무서웠고 집에 혼자 있는 시간도 무서웠다. 마치 먹잇감을 노리는 하이에나처럼 내가 혼자 있는 시간을 정확히 알고 찾아오는 그 괴물은 나에게 공포이자 곧 두려움이었다.

 오늘도 저 멀리 그 괴물이 걸어오고 있었다. 양손을 주머니에 넣은 채 지름길로 신나게 걸어왔다. 나는 재빨리 문을 잠그고 창문 커튼도 치고 몸을 숨겼다. 숨소리조차 제대로 못 내고 창문 밑으로 숨었다. 5평 남짓한 작은 안방은 숨을 곳도 마땅치 않았다. 이리저리 몸을 웅크리고 숨느라 정신없는 사이 그 괴물은 어느새 집 앞에 도착해있었다. 노크도 없이 출입문을 당기더니 문이 잠겨있자 곧장 안방 창문으로 와서 집안을 이리저리 훑어봤다. 나는 눈이라도 마주칠까 두려워 숨소리도 제대로 못 내고 벽에 몸을 바싹 붙이고 웅크리고 있었다. 한참을 창가에 서서 이리저리 훑어보더니 이내 혼잣말을 하며 떠났다. 나는 그 괴물의 발소리가 멀어질 때까지 그 자리에 그대로 웅크리고 있었다. 발이 저리고 심장이

쪼그라드는 느낌이 들었지만, 그 순간엔 그 괴물의 그림자도 마주치기 싫은 두려움에 그 고통조차도 느낄 수 없었다. 그 괴물의 발소리가 더 이상 들리지 않을 때에서야 나는 한껏 웅크린 몸의 긴장을 풀 수 있었다. 긴장했던 몸에 힘이 빠지자 온 신경이 고통으로 향했다. 그렇다고 마음 편하게 누울 수도 없었다. 언제 또다시 돌아올지도 모르니까. 내가 할 수 있는 건 할머니 할아버지가 집으로 올 때까지 잘 숨어있는 것이었다.

　지옥 같은 몇 시간이 흐르고 어두운 저녁이 되어서야 할머니 할아버지가 집으로 돌아왔다. 그때에서야 나는 안도의 한숨을 쉬었다. 할머니는 오늘은 집에서 뭐 했냐고 물었다. 그 질문에 나는 아무 말도 할 수 없었다. 그냥 집에 있었다는 말 밖엔. 늘 그렇듯 할아버지는 아무런 말이 없었다. 나는 가끔 할아버지가 선택적 언어 장애가 있는 건 아닌지 의심이 들기도 했다. 당신의 필요에 따라 그때만 이야기했으니까. 그래도 난 그런 할아버지가 좋았다. 적어도 누군가를 쉽게 판단하거나 평가하는 일은 없었으니까. 마음속으로는 할아버지에게

라도 이 사실을 털어놓을까 고민했지만 이내 그만두기로 했다. 나는 밥 먹는 이 순간만이라도 그 고통에서 벗어나고 싶었다. 그래서 일부러 내가 좋아하는 〈다람이와 고슴도치〉(당시 인기 만화)를 생각했다. 작은 몸집의 고슴도치가 몸을 한껏 웅크렸다가 자기보다 몸집이 두 배는 큰 두더지를 한 방에 제압하는 장면이 떠올라 나도 모르게 웃음이 나왔다. 하지만 그 웃음도 잠시였다. 그 괴물이 다시 찾아왔기 때문이었다. 마치 자기 집인 듯 노크도 없이 문을 열고 들어와서는 자연스럽게 밥상에 앉았다. 할머니는 늘 그렇듯 장손이 왔다며 얼른 부엌으로 나가서 밥을 차려왔다. 그 순간 나도 모르게 온몸이 바들바들 떨렸다. 나는 그 모습을 애써 감추기 위해 얼른 숟가락을 내려놓았다.

"오늘 낮에 왔었는데 집에 사람 없더라?"

나를 흘깃 보며 말했다. 마치 나 들으라고 하는 말 같았다. 그 말은 듣는 순간 나는 죄지은 사람처럼 괜히 움찔했다. 그리고 이내 시선을 다른 곳으로 돌렸다.

"오늘 어디 갔었어?"

할머니가 나를 보며 말했다.

"나? 어… 어. 답답해서 시장에 좀 다녀왔어. 그때 왔었나 보네, 오빠가."

 나는 당황했지만, 최대한 자연스럽게 말했다. 그 괴물은 나와 할머니를 번갈아 보며 아무렇지 않게 밥을 먹었다. 나는 당장이라도 그 자리에서 뛰쳐나가고 싶었다. 그 순간만큼은 아무것도 모르는 할머니 할아버지가 원망스러웠다. 꼭 말 없는 공모자들 같았다. 할머니는 거의 매일같이 보는 손주인데도 항상 반가운 모양이었다. 오늘도 해맑게 웃으며 그 괴물과 이야기했다. 저 괴물이 누군가의 순정을 짓밟았다는 사실도 모른 채. 우리 집안의 장손이라며 한껏 높여주고 있었다. 할머니의 칭찬에 그 괴물은 으쓱해져서 할머니 할아버지 기대에 부응할 수 있도록 열심히 살겠다며 너스레를 떨었다. 평소 말 없는 할아버지도 장손의 그 한마디에 뿌듯해했다.

이중인격 같은 그 괴물을 보고 있자니 속에서 열불이 났다. 나는 마음속 분노를 설거지하며 풀었다. 괜히 쨍그랑 소리를 한 번 더 내고 수저도 일부터 더 큰소리 나게 수저통에 꽂았다. 그런 나의 마음을 아는지 모르는지 할머니는 계속해서 그 괴물과 웃으며 이야기했다. "뭐가 좋아서 저렇게 웃는 거야. 내 마음은 눈곱만큼도 모르면서." 나는 마음속 말들을 나만 들을 수 있게 내뱉었다. 저 괴물이 제발 빨리 이 집에서 나가기만을 바랐다.

"할머니, 나 간다. 또 올게."

 부엌으로 나오며 나를 쳐다보는 눈빛에 나는 온몸에 소름이 돋았다. 또 오겠다는 말은 나에게 하는 말이었다. 나는 대꾸도 안 하고 눈도 마주치지 않았다. 그리고 속으로 말했다. '두고 봐라. 내가 가만히 당하고만 있나. 절대 안 당해. 이대로 당하고만 있지 않을 거라고.' 다시는 당하지 않겠다고 결심했지만, 지킬 수 없는 물 같은 약속이었다.

처음 성폭행을 당한 후로 나는 그 괴물을 피하기 위해 갖은 노력을 했다. 하지만, 내가 예상하지 못한 타이밍에 나타나는 것까진 막을 수 없었다. 내가 혼자 있을 땐 자기를 피한다는 것을 알아챈 괴물은 아예 대놓고 나와 할머니가 있을 때 오는 것으로 방법을 바꿨다. 그리곤 할머니가 잠시 자리를 비운 사이에 나를 성폭행했다. 그때 나는 깨달았다. 더 이상 이 집에서는 희망이 없다는 것을. 내가 이 집에 있는 한 더럽고 치욕스러운 이 일을 끊을 수 없다고 생각했다. 방법은 할머니 집을 떠나는 것 밖에 없었다. 태어났을 때부터 살아왔던, 내 인생에서 가장 아늑하고 행복했던 공간이 한순간에 지옥의 공간으로 바뀌어버렸다. 나는 살기 위해 할머니 집을 떠나기로 결심했다. 할머니와 할아버지에겐 시골에 사는 큰이모 집에서 좀 지내다 오겠다고 말했다. 아무것도 모르는 두 분은 흔쾌히 그러라고 했다. 연세가 많은 할머니와 할아버지가 걱정됐지만, 내가 살기 위해선 어쩔 수 없는 선택이었다. 누구도 그 지옥 같은 곳에서 나를 구해줄 수 없었고 오로지 내 힘으로 살아남아야 했으니까.

가족이라는 탈을 쓰고 이토록 더럽고 추악한 짓을 한 괴물을 가족이라고 할 수 있을까. 궁금하다 과연 그 괴물은 죄책감을 느꼈을지. 당시 그곳에는 가정폭력, 성폭력 같은 범죄에 대한 죄명이나 처벌이 제대로 마련되어 있지 않았다. 어쩌면 어려서 제대로 몰랐던 것일 수도 있지만, 적어도 내가 경험한 사회는 그랬다. 나를 포함해 많은 사람들이 무방비 상태로 무법지대인 그곳에 노출되어 있었다. 그렇게 그들은 가해자와 피해자라는 사실조차 인지하지 못한 채 가족과 사회라는 이름 아래 서로 뒤엉켜 살아가고 있었다. 세상에서 가장 안전하고 보호받아야 할 가족이라는 울타리 안에서 나는 또 다른 고통을 경험했다. 그리고 무법지대에서 살아남는 방법은 온전히 스스로 살길을 찾아야 한다는 것을 누구보다 일찍이 깨달았다. 법보다 무섭고, 법 위에 있는 사람은 물리적인 힘을 가진 자들이라는 사실을 알았을 때 나는 고작 열다섯, 어린 소녀에 불과했다.

생존 일기

 모든 것은 처음이 어렵다고 했다. 그 괴물이 나를 처음 성폭행한 날 이후로도 나는 몇 개월 동안 지속적으로 성폭행을 당했다. 그 괴물의 희열이 커질수록 나의 고통과 고독은 더 깊어져만 갔다. 그 상태로 계속 있으면 곧 죽을 것 같았다. 그래서 나는 필사적으로 그 괴물을 피했다. 그러던 어느 날 저녁, 계속해서 내가 자기를 피한다는 사실을 알게 된 그 괴물은 아주 태연하게 할머니 집으로 찾아왔다. 그리곤 무언의 협박이라도 하듯 일부러 할머니 할아버지 앞에서 실없는 농담을 하며 나를 힐끗 쳐다봤다. 그 모습이 소름 끼치고 역겨웠다. 할머니 할아버지는 아무것도 모른 채 그 괴물과 함께 웃고 있었다. 그 순간만큼은 아무것도 모르는 할머니 할아버지도 공범처럼 보였다. 더 이상 할머니 집은 나에게 안전한 곳이 아니었다. 공포의 장소가 되어버린 이 집에서 하루라도 빨리 도망쳐야 했다. 그때 당시 내가 할 수 있는 유일한 방법은 그 괴물로부터 멀리 떠나는 것뿐이었다. 홀로 견뎌야 하는 그 두려움과 고통은 말로 설명할 수 없을 정도로 나를 깊게 파고들었다. 누구에게도 말할 수 없었고, 이야기를 들어줄 사람도 없었다. 그렇게 나는 살기 위해 화대(함경북도)에 있는 큰이모 집으로 도망쳤다. 만약 그때 내가 큰이모 집으로 가지 않았다면 어떻게 됐을지 상상조차 안 된다. 다행히 큰이모와 큰이모 가족들은 나를 반갑게 맞이해주었다. 그렇게 지난 몇 달간의 고통스러운 성폭력에서 벗어날 수 있었고 정신적 고통도 잠시 멈추게 되었다.

지금 생각해보면 그때 당시 그곳에는 범죄명들이 명확하게 명시되어 있지 않았던 것 같다. 내가 사촌오빠라는 괴물에게 성폭력을 당했을 때도 직감적으로 잘못된 행동이라고 느꼈을 뿐 그 행위가 폭력이고 범죄라는 사실을 제대로 몰랐으니까. 들은 교육이라곤 주로 김 씨 일가에 대한 사상교육일 뿐, 일반 범죄들에 대한 정확한 명칭이나 그에 대한 법적 처벌에 대해 들어본 적이 없다. 심지어는 하나의 놀이처럼 관계를 해보자고 말하는 아이들도 종종 있었다. 어려서 그랬는진 몰라도 적어도 내가 경험했던 당시 북한 사회는 그랬다. 분명 법이 있고 통제도 하지만 사각지대가 많았고 오로지 세뇌교육과 사상교육만 있을 뿐이었다. 반면 한국은 가정폭력, 성폭력, 학교폭력 등 범죄명들이 정확하게 명시되어 있었고 그에 관한 법적 제도들도 잘 마련되어 있었다. 물론 솜방망이 처벌이라는 비판도 많지만 적어도 내가 경험한 사회보다는 잘 되어 있었다. 하지만 공통점도 있었다. 바로 나와 같은 피해를 당한 피해자들은 누구에게도 본인의 피해 사실을 쉽게 털어놓을 수 없다는 것이다. 그 이유는 다양하겠지만, 아마도 가장 큰 이유는 수치스러움 때문이 아닐까.

돌이켜보면 난 어려서부터 많은 폭력에 노출되어 있

었다. 가족과 친척이라는 가면 뒤에 가려진 수많은 폭력 속에서 어린 나의 마음은 깨진 유리 조각에 베이듯 참 많이도 베였다. 일찍이 시작된 아빠의 가정폭력에 이어 중학생 때 사촌오빠라는 괴물에게 성폭행을 당하면서 나는 직감적으로 느꼈다. 이 세상에서 나를 구해줄 사람은 아무도 없다는 것을. 오로지 나 스스로가 살아남아야 하고 생존자가 되어야 한다는 걸 말이다. 어쩌면 삶이란 태어난 순간부터 겪어내야 하는 길고 힘난한 생존의 여정일지도 모르겠다. 다행인 건 현재 나는 순항하며 생존 일기를 쓰고 있다는 것이다.

불편한 관심

 나에겐 두 명의 사촌오빠가 있었다. 그중 한 명은 나를 성폭행한 괴물이고, 다른 한 명은 나를 참 많이 아껴준 오빠였다. 나를 많이 아껴준 사촌오빠는 화대 큰이모집 아들이다. 잠시였지만, 큰이모 집에서 지내는 동안 오빠 덕분에 행복하고 즐거웠다. 그런 오빠가 어느덧 성인이 되어 입대를 하는 날이었다.

"오빠, 몸 조심히 잘 다녀와. 편지하고."
"알겠어. 잘 지내고 있어. 편지할게."

오빠는 나를 안아주고 차례로 큰이모와 언니를 안아 줬다. 오빠가 큰이모부 쪽을 향해 몸을 돌리자 큰이모부는 슬쩍 뒤로 몸을 뺐다. 입대 후 면회를 가지 않으면 10년 동안 만날 수 없기에 훈련소 앞은 그야말로 눈물바다였다. 큰이모 가족들도 모두 사촌 오빠를 배웅하며 눈물을 흘렸다. 딱 한 사람 큰이모부만 빼고. 큰이모부는 말도 없고 감정표현도 잘 안 하는 사람이었다. 나는 큰이모 집에서 지내는 동안 큰이모부가 화를 내는 걸 거의 본 적이 없다. 가끔 기분이 좋을 때 사람 좋은 소리를 내며 웃는 모습 말고는. 그만큼 큰이모부는 감정표현이 없는 사람이었다. 큰이모부의 평정심은 사촌오빠가 입대하는 날에도 흐트러짐이 없었다. 정말 강철 같은 사람이었다. 키도 크고 체격도 좋았다. 그런 모습에 큰이모가 반한 건지도 모르겠다. 성격이 세고 할 말은 하는 큰이모와 달리 큰이모부는 정말 온순한 사람이었다. 마치 할머니와 할아버지의 젊은 시절을 보고 있는 것 같았다.

사촌오빠가 입대한 후에도 나는 몇 달 더 큰이모 집에 머물렀다. 몇 달 동안 전입신고도 없이 큰이모 집에 머물자 점차 동네 사람들이 나의 존재를 궁금해했다. 조카라고는 알고 있지만, 놀러 온 조카가 너무 오랫동안 머무는 것은 아닌지. 부모는 뭐 하는지 등 나에게 직접 묻기도 하고 큰이모 가족들에게 묻기도 했다. 나는 그럴 때마다 곧 돌아갈 것이라며 가볍게 넘겼다. 하지만, 시간이 지날수록 단순한 그들의 궁금증이 나를 점점 더 불편하게 만들었다. 가끔은 부모는 무슨 일을 하는지, 학교는 어디 다니다 왔는지 등 집요하게 묻는 사람들도 있었기 때문이었다. 그런 사람들을 볼 때마다 엄마가 행방불명되고 아빠가 선박사고로 돌아가셨을 때가 생각났다. 계집애가 팔자 사나워서 부모 다 잡아먹은 거라고. 팔자가 사나워서 쓰겠냐는 등 어린아이가 듣기엔 다소 충격적인 말들을 했던 동네 사람들의 말이 떠올라 힘들었다. 내가 뭘 잘못했던 걸까. 내가 그들에게 피해를 준 것이라도 있었던가. 남의 일이라고 함부로 떠들어대는 어른들을 이해할 수 없었다. 적어도 어른이라면 누군가의 상처에 소금을 뿌리는 언행은 하면 안 된다고 생각했다. 하지만, 그들은 전혀 그럴 생각이 없는 것 같았다.

큰이모 집에서 지내는 동안 동네 사람들의 지나친 관심이 다소 불편한 적도 있었다. 그럼에도 큰이모네 가족들 덕분에 나는 조금씩 안정을 찾아갔다. 가끔 악몽을 꿨지만, 적어도 잠에서 깼을 때 성폭행을 당한 할머니 집이 아니라는 사실에 안도했다. 오늘도 나는 악몽에 시달리다 잠에서 깼다. 잠에서 깬 나의 시선에 가장 먼저 들어온 건 몽실(강아지 이름)이었다. 몽실이는 큰이모 집에서 키우는 새끼강아지였다. 걱정 없이 이리저리 뛰어다니며 닭들을 쫓고 있는 몽실이를 보니 나도 모르게 웃음이 나왔다. 닭 쫓는 게 뭐가 저리도 신나는지 철없이 뛰어노는 몽실이가 부러웠다. 때 되면 주는 밥 먹고 근심 걱정이 없고 인심 좋은 주인도 있으니까. 하지만, 나에겐 부모도 없고 마음 편히 살 수 있는 공간도 없었다. 여기저기 떠돌며 임시 거처하다가 또 어딘지도 모를 곳을 찾아 떠나야 하는 유기견과도 같은 삶이었다. 잘살아 보겠다는 다짐 같은 건 사치였다. 그저 언제 닥칠지 모르는 폭력으로부터 온전히 생존하기 위해 정처 없이 떠돌아다니는 삶이었다. 가끔 이런 생각이 들 때도 있었다. 이렇게 정처 없이 떠돌다가 나도 모르게 죽어버렸으면 좋겠다고. 이 세상 누구도 나의 고통에 공감해줄 사람이 없을 것이라고. 매 순간 불안함을 안고 살아야 했던 나에게 누군가의 단순한 호기심은 불편한 관심으로 다가오곤 했다.

불편한 진실

"왜 이래, 좀 천천히 해요."
"조용히 해. 조카 깨면 어쩌려고."

큰이모와 정체 모를 남자는 격하게 서로의 옷을 벗기며 뒤엉켰다. 저녁도 아닌 대낮에. 그 남자와 이모는 아마도 일부러 가족들이 없는 낮에 온 것 같았다. 점차 큰이모와 그 남자는 더욱 서로의 몸을 파고들었고 이윽고 두 사람의 흥분된 신음소리가 온 방 안에 울려 퍼졌다. 나는 두 눈을 꼭 감고 윗방에서 숨죽이고 자는 척했다.

큰이모 집은 일자 형태로 방 두 칸에 부엌이 하나 있었는데 윗방, 아랫방은 20센티 정도 되는 문턱을 기준으로 나뉘어 있었다. 무더운 여름엔 윗방이 선선해서 나는 항상 그 방에서 낮잠을 자곤 했다. 그날도 난 윗방에서 낮잠을 청하던 중이었다. 하지만, 큰이모와 낯선 남자의 방문으로 나는 잠을 잘 수 없었다. 두 사람의 관계가 끝날 때까지 나는 꼼짝없이 누워있었다. 야릇한 신음소리를 끝으로 둘의 관계가 끝나고 이야기를 나누고 있을 때 나는 잠에서 깬 척 일어나 인사를 했다. 큰이모는 일어났냐며 낯선 남자를 소개해줬다. 함께 일하는 농장의 상사라고 했다. 큰이모부와 달리 피부도 하얗고 마른 체구를 가진 남자는 꼭 능구렁이 같아 보였다. 큰이모와의 부적절한 관계를 알게 되어서인지는 몰라도 그 남자가 이상하게 얄밉고 보기 싫었다. 그래서 나는 대충 인사하고 밖으로 나갔다. 큰이모는 어디 가냐고 물었다. 나는 조금 답답해서 바닷가에 다녀오겠다고 말했다. 큰이모 집 식구들이 일을 나가면 나는 집을 지키느라 어디 나가지도 못했었는데 이참에 바닷바람을 좀 쐬고 싶었다. 내가 집을 나서자 몽실이도 나를 따라나

섰다. 몽실이는 오늘도 신난 표정으로 입을 활짝 벌리고 혀를 조금 내민 채 핵핵대며 나보다 앞서 뛰었다. 나는 바닷가를 걸으며 생각했다. 사랑이란 인간에게 있어 없어서는 안 되는 감정이지만 그동안 내가 보고 경험한 관계들은 전혀 아름답지 않았다. 꼭 서로가 서로의 육체만을 탐하는 동물의 세계 같았다. 인간과 동물이 유일하게 다른 점은 말을 할 수 있으며 이성적인 판단을 할 수 있는 것인데, 왠지 이 모든 게 적용이 안 되는 것 같았다. 오로지 자신의 쾌락을 위해 사는 사람들 같았다. 나를 성폭행한 사촌이라는 괴물도, 큰이모도, 그 능구렁이 같은 남자도.

그날 저녁 온 가족이 모여앉아 밥을 먹었다. 낮에 있었던 일은 아무것도 모른 채 큰이모 가족들은 이야기를 나눴다. 사촌언니는 친구 동생이 오늘 갑자기 사라져서 친구가 힘들어한다며 걱정했고, 사촌오빠는 오늘도 담임이 지각한 학생들을 일렬로 세워놓고 지시봉으로 때렸다고 했다. 큰이모는 본인 일처럼 공감을 잘해줬다. 하지만 큰이모와 달리 큰이모부는 아무 말도 없이 밥 먹는 데만 집중했다. 나는 괜히 큰이모부에게 미안한 마음이 들었다. 내가 잘못한 것도 아닌데 나도 모르게 큰이모부가 신경이 쓰였다. 그래서 평소보다 더 큰이모부에게 잘 해드렸다. 큰이모의 부적절한 관계에 대해 아는지 모르는지 큰이모부는 묵묵히 당신의 할 일에만 집중했다. 때로는 그런 이모부가 답답해서 화가 나기도 했다. 이후로도 큰이모와 그 남자의 부적절한 관계는 계속되었고 나중엔 대놓고 나를 심부름을 보내놓고 관계를 가지기도 했다. 둘은 서로에게 미쳐있었던 게 확실했다. 둘 다 가정 있는 사람들인데 어떻게 자신들의 쾌락만을 위해 저렇게까지 할 수 있는지 나는 도저히 이해할 수 없었다. 그리고 그 모습을 지켜보며 할머니 집에서 당한 그날의 악몽이 자꾸 떠올라 힘들었다. 이곳도 더 이상 내가 머무를 수 있는 공간이 아니라는 생각이 들었다. 나는 결국, 몇 개월 만에 또다시 다른 곳으로 가야 했다. 생존을 위해 어쩔 수 없이 원하지 않는 여행을 하는 느낌이었다. 그럴 때마다 스스로에게 이렇게 말했다. 언제까지나 이렇게 살진 않을 거라고. 나에게도 분명 좋은 날이 올 거라고. 그러니까 포기하지 말자고. 어떤 일이든 끝은 분명 있을 테니까. 그때까지만 버티자고 말이다.

사랑과 배신

 세상에 영원한 비밀은 없다고 했다. 큰이모와 그 남자의 관계도 어느새 양쪽 가족들에게 들키고 말았다. 먼저 알게 된 것은 남자 쪽 가족이었다. 남자의 행동이 집에서 눈에 띄게 달랐던 모양이다. 어느 날 갑자기 희정이 엄마라는 사람이 큰이모 집으로 찾아왔다. 나는 집에 지금 아무도 없다고 저녁에 다시 오라고 말했다. 그러자 그 아줌마는 나를 보며 "네가 그 청진에서 온 조카구나."라며 비꼬듯이 말했다. 그리곤 저녁에 다시 오겠다며 나갔다. 나는 뭔가 이상하다고 느꼈지만 가볍게 넘겼다. 그리고 그날 저녁 일이 터지고 말았다. 큰이모가 들어오고 얼마 지나지 않아 바로 그 아줌마가 따라 들어왔다. 들어오자마자 그 아줌마는 큰이모에게 달려들어 머리채를 잡았다. 큰이모는 갑작스러운 상황에 당황하여 뭐 하는 짓이냐며 소리를 질렀다.

"뭐 하는 짓이냐고? 네년이 내 남편이랑 놀아난 짓에 비하면 이건 아무것도 아니지 이년아. 어떻게 감히 내 남편과 그런 짓을 할 수가 있어!"
"이거 놓고 이야기해. 그러는 네년은 남편 관리도 제대로 못 해놓고 나보고 놀아났다고? 남편 관리나 똑바로 해놓고 말해."

큰이모와 아줌마는 한 치의 물러섬도 없었다. 서로 머리채를 잡고 뒤엉킨 채로 몸싸움을 했다. 나는 온몸으로 둘의 사이를 가로질러 말렸지만, 나의 힘으로는 역부족이었다. 그때 마침 사촌오빠가 와서 이게 무슨 일이냐며 뜯어말렸다. 사촌오빠가 뜯어말리고 난 후에야 둘은 서로 떨어지게 되었다. 오빠는 어리둥절한 표정으로 왜 싸우냐고 물었다. 화가 난 아줌마는 너희 엄마한테 물어보라며 큰이모를 째려봤다. 영문을 모르는 오빠는 아무리 그래도 어른들이 머리채 잡고 싸우는 건 아니라며 중재했다. 하지만, 그런 오빠의 중재에도 큰이모와 아줌마의 싸움은 멈출 기미가 보이지 않았다. 계속해서 서로 욕을 하며 서로를 향해 달려들었다. 나와 오빠는 싸움을 말리다 지쳐 차라리 둘 다 피 터지게 싸우라고 더 이상 말리지 않았다. 다행히 그때 큰이모부가 집으로 왔다. 큰이모부는 이유가 뭐가 됐든 우리 집에서 싸우지 말라며 화를 냈다. 큰이모부의 그만하라는 말에도 멈출 기미를 보이지 않자 큰이모부는 집 앞에 있는 물건들을 집어 던지며 불같이 화를 냈다. 그때에서야 큰이모와 아줌마는 싸움을 멈췄다. 큰이모부는 그 아줌마에게 당장 우리 집에서 나가라고 소리쳤다. 아줌마는 어쩔 수 없이 큰이모 집에서 나갔다. 정신없이 싸우는 사이 사촌언니도 일을 마치고 집으로 왔다. 우리는 서로 큰이모부의 눈치를 살폈다. 큰이모는 민망했는지 혼잣말을 하며 흐트러진 머리를 정리했다. 큰이모부는 아무 말도 없이 집 안으로 들어갔다. 그동안 늘 말없이 온순

하기만 하던 큰이모부의 화내는 모습을 그날 처음 봤다. 큰이모부는 마치 그동안의 화를 축적해 놓은 듯 불같이 화를 냈다. 분명 큰이모부는 큰이모의 부적절한 관계를 알고 있는 것 같았다. 하지만, 무슨 이유에선지 그동안 한 번도 티를 낸 적이 없었다. 그날 저녁은 가족들이 다 같이 모여앉아 밥 먹을 분위기가 아니었다. 누구도 큰이모부의 마음을 온전히 헤아릴 수 없었기에 나와 사촌언니, 오빠 모두 아무런 말도 하지 않았다. 방 안에는 무거운 침묵만 흐르고 있었다.

그날 이후 큰이모와 그 남자와의 부적절한 관계는 끝이 났다. 그도 그럴 것이 작은 시골 마을에서 서로가 서로의 가족을 다 아는 사람들이 그런 관계를 이어왔으니 소문나는 건 시간문제였다. 그 아줌마가 큰이모집에 찾아와 한바탕 난리를 치고 난 후 소문은 삽시간에 퍼졌다. 그 후 큰이모와 그 남자는 많은 사람들에게 손가락질을 받았다. 정말 다행인 건 큰이모부가 큰이모와 이혼하지 않았다는 것이다. 부처가 있다면 이런 사람일까. 나는 큰이모부가 한편으로 감사하면서도 한편으로는 이해가 되지 않았다. 사랑하는 사람에게 배신을 당하고도 함께 사는 게 가능하다니. 이것 또한 어린 나는 이해할 수 없는 어른들의 세계인 걸까. 사랑하는 남편을 배신하고 외간남자와 바람피운 사람. 엄마라는 이유로 자식들에게 칼을 휘두르고 몽둥이로 매를 두는 사람. 몇 달간 큰이모 집에서 봐온 큰이모의 모습은 여러 가지로 놀라웠다. 나에겐 한없이 다정한 이모가 화만 나면 당신 자식들에겐 흉기를 휘두르는 모습이 꼭 이중인격자 같았다. 그런 이모의 모습에 가끔 사촌언니는 산에 올라가 죽고 싶다고까지 했다. 사촌오빠도 몽둥이에 피가 묻어나올 정도로 맞는 걸 본 적이 있다. 그 당시엔 말을 안 들으면 매를 드는 것이 자연스러운 훈육이었다지만 어린 나에겐 놀라운 일이었다. 어떤 이유에서든 아이들을 폭행하는 것은 옳지 않은 일이었다. 큰이모의 집은 잘못된 사랑과 폭력이 존재하는 또 다른 폭력의 현장이었다. 오로지 핏줄이 섞였다는 이유만으로 한 지붕 아래서 함께 사는 사람들이었다.

인간은 선과 악 중에 과연 어떤 모습에 더 가까울까.

어떤 답도 명쾌하지 않지만, 한 가지 확실한 건 한 인간이 바른 삶을 살기 위해선 많은 것들을 인내하고 절제하며 살아야 한다는 사실이다. 한 계절만 살다가는 식물처럼 인간도 찰나의 순간을 살아가지만, 그 찰나의 순간을 기록하고 추억하는 방법은 각자 너무 다르다. 사랑이라는 이름으로 시작해 가족이라는 울타리를 만들고 그 가족을 온전하게 지켜가기란 참 쉽지 않은 여정이다. 그럼에도 우리는 그 여정에 최선을 다해야 한다. 적어도 자신이 한 일에 책임을 질 줄 아는 어른이라면 말이다.

달빛의 기억

개성 막내 이모 집으로 온 이래로 유난히 달빛이 밝은 밤이었다. 곤히 잠든 동생들과 달리 잠이 오지 않아 뒤척이던 날이었다. 잠이 들고 시간이 얼마나 흘렀을까. 누군가 나의 입을 꽉 막고 있는 듯한 숨 막히는 답답함에 눈을 떴다. 눈을 뜬 순간 낯익은 얼굴이 나를 내려다보고 있었다. 그 사람은 바로 새 이모부였다. 여기서 말하는 새 이모부는 내가 위에 언급한 화대 큰이모부와는 다른 사람이다. 화대 큰이모부는 개성 새 이모부와는 비교도 안 될 정도로 정말 좋은 사람이다. 어쨌든 새 이모부는 내가 일어나기만을 기다리고 있었다. 나를 온몸으로 짓누르고 있는 새 이모부의 얼굴을 확인하고 나는 소리 없이 몸부림쳤다. 하지만, 이미 그 사람의 손아귀에 잡혀 있는 상태라 몸을 움직일 수 없었다. 마치 온몸이 꽁꽁 묶여있는 것처럼 무기력한 내 모습에 잠시였지만, 나 자신이 너무 초라하게 느껴졌다. 그날 밤 달빛이 나에게 일어날 일을 미리 알기라도 했던 걸까. 어느 때보다 밝게 빛나고 있었으니 말이다.

내가 정신 차리자 그 사람은 나를 번쩍 들어 안고 동생들이 깨지 않게 옆방으로 조용히 이동했다. 나는 당장에라도 소리쳐서 더럽고 추한 행동을 하려는 그 사람으로부터 도망치고 싶었지만, 마음속으로만 울부짖을 뿐 입 밖으로는 어떤 말도 나오지 않았다. 혹여나 동생들이 깨서 이 모습을 목격하기라도 한다면 죄 없는 동생들까지 평생의 트라우마로 남을 것 같았기 때문이었다. 제발 이 순간이 빨리 지나가기만을 바라며 눈을 질끈 감았다. 그 사람은 잔뜩 흥분한 상태로 내 위에서 씩씩거렸다. 악마의 얼굴이 따로 있는 게 아니었다. 인간의 탈을 쓴 악마라는 말을 이럴 때 하는 것이리라. 그 뒤로도 그 괴물은 이모가 장거리 출장을 갈 때마다 나를 성폭행했다. 나는 이모가 집을 비울 때마다 밤이 두려웠다. 그 괴물이 또 어떤 얼굴로 나를 찾아와 그 짓을 할지 상상조차 하기 싫었다. 그 괴물의 더러운 짓이 행해지는 날이면 달은 유난히 밝게 빛났다. 어쩌면 달은 그 괴물의 더러운 짓을 더 밝게 비춰보고 기억해주려고 그랬던 걸까. 아니, 그런 거였으면 좋겠다고 생각했다.

 기분 나쁠 정도로 부드러운 손이 내 아랫도리에 들어오더니 이내 다른 한 손은 소리를 못 내게 내 입을 틀어막았다. 나는 동생들이 깨기라도 할까 봐 숨소리도 제대로 내지 못하고 눈을 질끈 감았다. 새 이모부라는 괴물은 잠에서 깬 나를 확인하고는 검지 손가락을 자기 입술에 갖다 대며 조용히 하라고 했다. 그리곤 자기 물건을 얼른 내 아랫도리에 집어넣었다. 그 괴물의 묵직한 물건이 내 아랫도리에 들어가는 순간 아랫배를 찌르는듯한 고통이 몰려왔다. 그 괴물은 혹여나 내가 소리라도 낼까 또다시 한 손으로 내 입을 틀어막고 내 위에서 씩씩거렸다. 유난히 밝은 달빛에 그 괴물의 행위는 더욱 선명하게 보였고 내 눈물은 소리 없이 흘렀다. 한참을 씩씩대던 그 괴물은 자기를 외면하고 있는 나의 얼굴을 한번 쓰다듬더니 만족스럽다는 듯이 미소를 짓고는 안방으로 갔다. 너무 순식간에 일어난 일이라 마치 꿈을 꾼 것 같았다. 괴물 같은 사촌오빠로부터 성폭행을 당한 지 몇 년도 채 안돼서 또 새 이모부라는 괴물에게 두 번째 성폭행을 당했다. 할머니 집에서 사촌오빠라는 괴물에게 당했을 때와 같이 이 사실을 이모에게 말할 수가 없었다. 막내 이모가 바람난 이모부와 이혼하고 지금의 새 이모부와 재혼한 지 얼마 되지 않은 시점이었기에 더 말할 수 없었다. 나로 인해 이모의 가정이 망가질 것 같아서, 무엇보다 내 동생과 이모까지 이런 고통을 겪게 하고 싶지 않았다. 결국, 나는 이모 집에서도 또 도망쳐야 했다. 그곳에서 도망 나오지 않으면 나는 평생 새 이모부라는 괴물에게 성폭행을 당할지도 모르니까. 그렇게 또다시 고독하게 혼자 힘들어하던 무렵, 9살 때 행방불명됐던 엄마와 연락이 닿았다. 엄마는 나에게 자신이 살고있는 중국으로 오겠냐고 물었다. 그 순간 엄마의 소식은 구원자 같았다. 이 지옥 같은 현실에서 구원해주러 온 유일한 구원자. 사실 동생을 혼자 두고 가는 것이 마음에 걸렸지만, 그 괴물에게서 벗어날 방법은 엄마에게 가는 것뿐이었다. 그렇게 나는 엄마의 전화 한 통으로 다시 생존할 수 있었다. 살기 위해 목숨을 걸어야 했던 그때의 그 순간을 생각하면 지금도 마음이 저려온다. 전생에 내가 무슨 죄를 지었길래 이리도 가혹한 인생을 살게 하는 것인지. 더 이상의 아픔도 고통도 없길 바라며 목숨 걸고 엄마를 만나러 가던 날. 목숨이 걸린 위험한 길임에도 그 괴물에게서 벗어날 수 있음에 안도했다.

솔직히 어떻게 그 힘든 시간을 견뎌냈는지 모르겠다. 세상에서 가장 안전해야 할 가족들에게 폭력을 당하며 나는 어른들을 불신하게 됐고, 그때부터 나는 내 삶은 온전히 나의 몫이라고 생각했다. 누구도 대신해줄 수 없는 유일무이한 존재. 어쩌면 누군가는 이런 상황을 반복해서 겪게 된다면 삶을 포기해버릴지도 모르겠다. 하지만, 나는 오히려 내 삶이 더 귀하게 여겨졌다. 무엇보다 나는 사랑받을 자격이 있다고 생각했다. 비록 그 괴물들이 나에게 씻을 수 없는 상처를 줬지만, 그 상처는 시간이 흐르면 뱀이 허물을 벗듯 내 마음속에서 사라져갈 거라고 믿었다. 그들이 나의 육체를 탐했을지언정 맑고 깨끗한 나의 영혼까진 빼앗을 순 없었으니까.

'삶에 있어서 무엇보다 중요한 건 나 자신을 포기하지 않는 자세다. 어떤 순간이 오든 내가 포기하지 않는다면 삶은 나를 포기하지 않는다.'

죽고 싶을 만큼 힘든 순간이 찾아올 때면 이렇게 생각하곤 했다. 이 또한 지나가고 나에게도 좋은 일은 반드시 생길 거라고. 그렇게 자기 암시를 계속하다 보면 어느새 삶을 향해 앞으로 나아가고 있는 나를 발견할 수 있을 거라 믿었다. 사람은 생각의 지배를 받는 영적인 동물과도 같아서 내가 어떤 생각으로 삶에 임하는지에 따라 내 삶의 방향이 정해진다는 걸 남들보다 일찍 깨달았다.

세 번째 괴물

 몇 년 만에 만난 엄마와의 재회의 기쁨도 잠시, 함께 생활한 지 반년도 채 안 돼서 엄마가 북한으로 북송되었다. 나를 만나고 북한에 남아있는 동생도 빨리 보고 싶다는 엄마의 욕심이 화를 부른 것이었다. 보통은 브로커에게 돈을 주면 알아서 집까지 데려다주지만, 엄마는 내가 중국으로 올 때 국경까지 직접 마중 나왔던 것처럼 동생도 당신이 직접 국경까지 마중 나가서 데려오고 싶어 했다. 하지만 국적도 없는 그곳에서 국경까지 무리해서 나간 것이 결국 문제였다. 지금도 어떻게 엄마가 북송되었는지는 정확히 모른다. 누군가의 밀고가 있었거나 혹은 정말 운 나쁘게 국경에서 엄마의 신분이 노출되었을 수도 있다. 확실한 건 북한에 남아있는 동생을 데려오겠다며 국경으로 직접 나갔다가 북한으로 북송되었다는 사실이다.

 결국, 엄마의 북송으로 나는 새아빠와 핏줄이 다른 여동생과 함께 살게 되었다. 나는 어설픈 중국어를 써가며 엄마를 구할 수 있도록 도와달라고 새아빠를 설득했다. 다행히 새아빠는 흔쾌히 동의해주었다. 그렇게 나는 엄마의 생사를 확인할 수 있는 전화 한 통을 받기 위해 몇 차례에 걸쳐 브로커들에게 돈을 보내줘야 했다. 하지만, 애타게 기다리던 전화는 오지 않았고 세 차례에 걸쳐 보내준 돈은 모두 사기당했다. 그 일로 새아빠는 나를 의심하기 시작했다. 한국어도 할 줄 모르는 사람이 오로지 나의 말만 듣고 돈을 보내줬으니 그럴 만도 했다. 그 부분에 대해서는 나도 변명의 여지가 없었다. 나를 믿어주면 감사한 일이고 그렇지 않다면 그 또한 내가 감내해야 할 일이었다.

어떻게든 엄마를 구하겠다고 새아빠를 설득해 돈을 보낸 것이 모두 사기당한 후 새아빠와의 갈등은 날이 갈수록 잦아졌다. 싸움이 격해지는 날이면 새아빠는 나를 경찰에 신고하겠다며 전화기를 들고 협박했다. 하지만 그런 협박에 겁먹을 내가 아니었기에 나는 해볼 테면 해보라며 맞서 싸웠다. 그런 내 모습에 더 화가 난 새아빠는 화를 참지 못하고 나의 따귀를 때렸다. 나는 순간 따가운 무언가 내 볼을 스쳐 간 것을 뒤늦게 느꼈다. 새아빠는 본인도 나의 따귀를 때리고 놀랐는지 이내 미안하다며 사과했다. 나는 그날 이후 이 집에서 하루빨리 탈출해야겠다고 마음먹었다. 엄마도 없고 핏줄이 다른 여동생과 말도 안 통하는 새아빠와 함께 사는 것은 더 이상 나에게 의미 없는 일이었다.

새아빠 집에서 탈출하기 며칠 전이었다. 누군가 내 몸에 손을 대는 것 같은 느낌에 잠에서 깼다. 눈을 뜬 순간 나는 너무 놀라 소리도 제대로 못 지르고 필사적으로 몸을 비틀었다. 어두운 밤이라 나를 짓누르고 있는 사람의 얼굴은 보이지 않았지만, 실루엣만 봐도 새아빠라는 걸 알 수 있었다. 내가 소리를 지르려고 하자 그 순간 새아빠는 두꺼비같이 큰 손으로 내 입을 막아버렸다. 필사적으로 저항했지만, 나보다 두 배는 더 육중한 그 사람의 육체에서 벗어날 수 없었다. 그 사람의 물리적 힘 앞에 내가 할 수 있는 건 그저 이 지옥 같은 시간이 빨리 끝나게 해달라고 기도하는 것뿐이었다. 나를 짓누르고 본인의 만족을 위해 혼신의 힘을 다하는 그 모습은 앞서 나를 성폭행한 두 괴물의 모습과 닮아 있었다. 내 몸을 옥죄는 지옥 같은 시간을 얼마나 참았을까. 그 괴물은 힘을 다 쓴 듯 이내 쓰러지듯 내 옆으로 내려와 누웠다. 나는 그 괴물이 내 위에서 내려오자마자 바로 밖으로 뛰어나갔다. 추운 겨울이었는데도 불구하고 나는 추위를 느낄 여유도 없었다. 나는 그 괴물의 더러운 정자들을 한 톨도 남김없이 내 몸속에서 빠져나가길 바라며 한참을 그대로 앉아 있었다. 소변이 나오는 대로 얼어붙는 추운 날씨임에도 나는 한동안 그대로 앉아 있었다. 그렇게 하고도 기분이 전혀 나아지지 않아서 집에 들어와서 뜨거운 물로 샤워했다. 사실 샤워라고 하기보다는 뜨거운 물에 내 몸을 담가놓았다는 표현이 더 맞을 것 같다.

그 괴물은 평소와 다를 게 없이 대자로 누워서 잠을 잤다. 다음 날 아침 아무렇지 않게 웃으며 나를 대하는 그 괴물의 얼굴을 보니 역겹다 못해 구토가 나올 정도였다. 아무것도 모르는 천진난만한 핏줄이 다른 여동생은 친할머니 집에서 아침에 돌아와서는 반갑게 인사했다. 동생과 웃으며 이야기하는 그 괴물의 모습을 보니 내 신세가 더 초라하게 느껴졌다. 나는 과연 이 집에서 어떤 존재인 걸까? 내가 왜 피 한 방울 안 섞인 이 사람들과 함께 한집에서 살아야 하는 거지? 이젠 엄마도 없는데 어차피 이 사람들은 나랑 전혀 상관없는 남이잖아. 순간 많은 생각들이 내 머릿속을 스쳐 지나갔다. 내가 정신 차렸을 땐 이미 그 괴물은 출근한 상태였다. 어젯밤에 일어난 일은 꿈에도 모르는 여동생은 세상 무서운 줄 모르고 해맑게 웃으며 나에게 말을 걸었다. 그런 동생이 순간 밉기까지 했다. 왜 하필 어제저녁에 할머니 집에 가서 내가 이런 일을 당하게 만드는 거냐고 따지고 싶었지만 그만두기로 했다. 사실 동생은 잘못이 없었다. 짐승 같은 행동을 한 그 괴물이 잘못한 것이다. 그 일을 당한 이후 나는 절대로 동생 없이 집에 혼자 있지 않으려고 애썼다. 그리고 차근차근 그 집에서 탈출할 계획을 세웠다. 그 괴물은 저녁에 퇴근해서 집에 오면 동생이 있는 것을 못내 아쉬워하는 눈치였다. 방은 두 개였지만, 동생과 함께 자면 절대 나를 건드리지 못했다. 동생이 누굴 닮았는지 모르겠지만, 한 성격 하는 아이였기에 차마 자기 딸 앞에서는 그럴 용기가 없었던 모양이다. 어쨌든 나는 내가 살기 위해 그 집에서 탈출하기 전까지 필사적으로 동생을 내 옆에 있게 했다.

드디어 지옥 같은 시간을 보내던 그 집에서 탈출하는 날이 되었다. 나는 해방감과 함께 알 수 없는 울적한 감정을 느꼈다. 분명 이 집에서 엄마 없이 보낸 시간은 지옥 같은 시간이었는데 왠지 모르게 떠나려는 그 순간만큼은 마음이 울적하고 무거웠다. 그 괴물이 나에게 못된 짓을 하려고 할 때마다 동생을 방패 삼아 견딘 시간들이 미안해서였는지 아니면 핏줄은 다르지만 한 엄마의 배 속에서 나온 동생을 두고 떠나는 미안함 때문이었는지 솔직히 잘 모르겠다. 확실한 건 지옥 같은 그 집에서 탈출해야만 내가 살 수 있다는 사실이었다.

한국에 온 지 몇 년 후 그 괴물이 농약을 먹고 자살했다는 소식을 들었다. 나에게 씻을 수 없는 고통을 준 사람이 하루아침에 죽었다니 솔직히 믿기지 않았다. 새아빠라는 사람뿐만 아니라 가족이라는 탈을 쓰고 나를 성폭행했던 사촌오빠, 새 이모부 모두 언젠가 죗값을 받아야 한다고 생각해왔다. 그런데 그 가해자가 죽었다고 하니 알 수 없는 묘한 감정이 들었다. 후련하지도 않고 죗값을 받았다는 생각은 더더욱 안 들었다. 과연 가해자들에겐 어떤 벌을 줘야 하는 걸까. 신이 있다면 그들을 절대로 가만두지 않을 것이라고 믿었는데 그렇지도 않았다. 돌이켜보면 나의 10대 시절은 고통과 불행으로 얼룩진 날들이었다. 낮과 밤 모두 공포의 시간이었고, 도망쳐야만 살 수 있는 도망자의 인생이었으니까. 만약에 내가 남자였다면. 그랬다면 이토록 더럽고 추한 일은 당하지 않았을까. 하지만, 이미 돌이킬 수 없는 현실이었다. 불행 중 다행인 건 세 명의 괴물 모두 내 삶의 강한 의지만큼은 건드리지 못했다는 것이었다. 그 괴물들이 나에게서 뺏어간 것은 한낱 껍데기에 불과한 나의 육체, 살덩어리일 뿐이었다. 성인이 된 지금 돌이켜보면 당시의 나는 누구보다 삶의 의지가 강한 소녀였다. 정확히 어떤 마음으로 그 고통스러운 순간들을 이겨냈는지 말로 설명하긴 어렵다. 하지만, 이 말 한마디는 할 수 있다. 스스로 삶을 포기하지 않았기에 가능했다고.

조사 1일 차

 뿌연 공기가 가득 내려앉은 낯선 방. 그곳에서 얼마나 기다렸을까. 얼마 후 조사관이 문을 열고 들어왔다. 나는 자세를 바로잡고 앉았다.

 "안녕하세요."

 조사관이 먼저 인사를 건넸다. 나는 가볍게 머리를 끄덕였다. 한국에 입국하면 가장 먼저 국정원에 입소하여 조사를 받게 되는데 오늘이 바로 첫 조사가 이뤄지는 날이었다. 조사관은 들고 온 서류들을 책상 위에 내려놓으며 말했다. 나는 조사관의 인사에 왠지 모르게 긴장이 됐다. 조사 준비를 마친 조사관이 내 얼굴을 한 번 보더니 이내 조사를 시작하겠다며 옅은 미소를 지어 보였다. 조사관은 키가 크고 늘씬했고 특히, 긴 파마머리와 날카로운 눈매가 인상적이었다. 절대 거짓말을 하면 안 될 것 같은 카리스마가 느껴졌다. 나의 마음을 읽기라도 한 듯 조사관은 거짓말은 안 하는 게 좋다며 부드러우면서도 단호하게 말했다.

"2011년도 5월에 탈북했네요."
"네."

조사관은 자료를 보며 말했다. 기본적으로 태국에서 기초 조사를 마치고 오기에 그 자료를 보며 확인하는 것 같았다.

"고향이 어디예요?"
"함경북도 청진입니다."

"거기서 계속 살았나요?"

"아니요. 친척들 집을 떠돌면서 살았어요."

"부모님은 무슨 일 하셨어요?"

"아빠는 경찰이었는데 저 어렸을 때 돌아가시고, 엄마는 아빠보다도 먼저 행방불명됐어요."

"아빠는 어떻게 돌아가셨어요?"

"선박사고로 돌아가셨어요."

"많이 힘들었겠네요. 아빠가 경찰이라고 했는데 배는 어떻게 타게 된 거예요?"

"엄마가 행방불명된 후에 경찰서에서 권고사직 당했거든요."

"왜요?"

"엄마가 행방불명됐다는 이유로요."

조사관은 많이 궁금했는지 나의 대답이 끝나기도 전에 질문을 다시 던졌다.

"그때 당시에 행방불명이라고 하면 다들 중국으로 갔다고 생각했거든요. 그래서 엄마가 행방불명되고 얼마 후에 경찰서에서 권고사직을 당했어요. 동네 사람들도 우리 엄마가 중국으로 간 것 같다며 수군거렸고요."

"그때 많이 힘들었겠어요?"

"네, 그래서 학교도 잘 안 갔어요."

"친구들이 놀려서요?"

"네…."

"오늘 조사는 여기까지 할게요. 내일 또 만나요. 방에 가면 A4 종이와 볼펜이 있을 거예요. 추가로 생각나는 게 있거나 말하고 싶은 내용 있으면 적어서 내일 챙겨오면 돼요. 고생했어요. 내일 만나요."

 나는 가볍게 머리 숙여 인사하고 나왔다. 조사실 앞에는 안내자가 나를 데려가기 위해 기다리고 있었다. 그곳에서는 어딜 가든 나와 함께하는 안내자가 있었다. 나는 그들이 안내하는 대로 움직여야 했다. 내 마음대로 할 수 있는 건 화장실 가는 것뿐이었다. 물론, 조사 때는 화장실도 허락하에 다녀와야 했지만. 내가 안내자와 함께 간 곳은 앞으로 2주간 조사하면서 머물게 될 독방이었다. 문도 마음대로 열 수 없었다. 안내자가 열어

줘야만 들어갈 수 있고 나올 수 있었다. 안내자는 방문을 열어주며 몇 가지 안내 사항을 알려주고는 떠났다. 방에 있는 것이라곤 침대 하나 책상 하나 화장실뿐이었다. 나는 오랜만에 혼자만의 공간에서 안전하다는 느낌을 받았다. 자유는 없었지만 적어도 안전은 보장되었으니까. 책상 위에는 조사관이 말한 빈 종이 한 장과 볼펜이 가지런히 놓여있었다.

악몽

"자기는 어디로 갈지 정했어?"

"아직 고민 중이에요. 미국으로 가고 싶긴 한데 시간이 오래 걸려서…."

"미국은 오래 걸리긴 하지. 여기 통역으로 따라오는 아가씨도 미국 가겠다고 했다가 1년 넘게 여기 있는 거래."

"좀 더 고민해보고 결정하려고요. 언니는 어디로 가려고요?"

"나야 한국으로 가야지."

"저도 고민해봐야겠어요. 그나저나 언니, 그 이야기

들었어요?"

"무슨 이야기?"

"저기 천장에 얼룩 보여요? 저 얼룩이 핏자국이래요."

여자는 갈색으로 얼룩진 천장을 가리키며 말했다.

"피?"

"네, 전에 여기 만삭 임산부가 있었는데 일행들과 말다툼하다가 일행이 술병으로 임산부 배를 찔렀대요. 그때 튄 피라고 하더라고요. 말만 들어도 얼마나 끔찍한지…."

"세상에, 무슨 일이었길래 임산부를 찔렀을까. 그럼 아이는? 살았대?"

"모르죠. 죽었다고 했던 것 같기도 하고. 하여튼 여기 안에서도 조심해야 해요."

"그러게. 다들 예민해져 있으니 조심해야지."

둘의 대화가 잠시 멈춘 사이 갑자기 누군가 "야! 이 미친년아." 하고 고함을 질렀다. 방 안에 있던 모든 사람들이 소리 나는 쪽으로 시선을 돌렸다. 한 여자가 술을 마시고 행패를 부리고 있었다. 무슨 일 때문인지는 몰라도 상황으로 봐선 일방적으로 술 먹고 술주정을 부리는 것으로 보였다. 상대방은 별다른 대응 없이 무시하고 있었다. 어쩌면 그편이 현명한 방법인 것 같기도 했다. 모두가 예민해져 있는 상황에서 괜히 맞붙어 싸우다간 앞서 말한 그런 사건이 또 발생할 수도 있으니까. 다행히 상대방이 응하지 않자 주사를 부리던 여자도 더 이상 소리를 지르지 않았다. 모두가 그 상황을 무시하고 있을 때 나는 나서서 말려야 되겠다는 생각에 엉거주춤 자리에서 일어나려고 하자 그런 내 생각을 읽기라도 한 듯 옆자리에 있던 중년의 여성이 조용히 말했다.

"어른들 일은 어른들이 알아서 하게 둬. 괜히 나섰다가 무슨 일 당할지도 몰라."

나는 다시 자리에 앉으며 조용히 고개만 끄덕였다. 그때 또 한 번 큰 소리가 났다.

"정신 차려! 정신 차리라고 이년아!"

 정신이 번쩍 들었다. 잠깐 잠든 사이 악몽을 꿨다. 온갖 두려움과 불안함으로 가득했던 태국 교도소에서의 일이 너무 생생해 꼭 현실 같았다. 정신 차리기 위해 생수를 한 컵 마셨다. 창밖을 내다보니 회색 빌딩들이 높게 서 있었다. 빌딩 사이로 먼저 입소했던 사람들이 출소하는 모습이 보였다. 그들의 미소에서 자유와 행복함이 보였다. 목숨을 걸고 사선을 넘어온 사람들이기에 이 상황이 더 감사하고 행복할 것이다. 나 또한 그 상황을 직접 겪었기에 그들의 웃는 모습에 더 뭉클했다. 밝게 웃으며 떠나는 그들의 모습을 보며 눈시울이 붉어졌다. 어느 순간부터 나는 눈물이 많아졌다. 별것 아닌 일에도 울컥하고 눈물이 왈칵 쏟아졌다. 나는 누가 보기라도 할까 봐 얼른 눈물을 훔쳤다. 사실 아무도 보는 사람이 없었지만, 왠지 누구에게도 눈물을 보이고 싶지 않았다. 그때 누군가 노크하는 소리가 들렸다. 시계를 보니 어느새 저녁 먹을 시간이었다.

조사 3일 차

　오늘도 어김없이 애국가로 아침을 맞이했다. 국정원에 입소한 첫날부터 매일 아침 애국가를 틀어주었는데 며칠 듣다 보니 어느새 알람 소리처럼 익숙해졌다. 애국가 소리에 깨서 간단히 세안하면 아침밥을 배식해준다. 출입문 하단의 작은 구멍으로 배식해주는데 마치 프리미엄 독방 같았다. 밥을 다 먹으면 다시 식판을 수거하러 온다. 나는 오늘도 조사받으러 가야 했기에 밥을 다 먹고 잠시 침대에 누웠다. 묻는 말에만 대답하는 조사이지만, 생각보다 에너지 소비가 많기에 미리 체력을 비축

해두는 것이었다. 잠시 후 식판을 가져가고 안내자가 나를 데리러 왔다. 나는 안내자와 함께 조사실로 향했다. 말 한마디 없이 안내자와 함께 긴 복도를 지나 조사실로 향하자 오늘은 조사관이 먼저 와있었다.

"안녕하세요. 오늘 컨디션은 어때요?"

조사관은 나의 표정을 살피며 물었다. 내가 괜찮다고 하자 안도하는 눈치였다. 나는 반대편으로 가서 조사관과 마주 보고 앉았다. 내가 자리에 앉자 조사관은 바로 조사를 시작했다.

"탈북은 어떻게 하게 됐어요?"
"엄마가 사람을 보내줬어요."
"그럼 엄마가 먼저 중국으로 갔던 건가요?"
"네. 제가 9살 때 엄마가 행방불명됐는데, 나중에 알고 보니 중국에 계셨더라고요."
"사람을 보낸다는 연락은 어떻게 받았어요?"
"제가 개성 막내 이모 집에 있을 때 어떤 분이 이모 집으로 전화를 했어요. 전화를 제가 직접 받은 건 아니어서 정확히는 잘 모르겠지만, 엄마의 부탁으로 전화했다고 했어요. 그리고 엄마가 저를 찾는다고 했어요."

"그랬군요. 탈북할 때는 어느 지역으로 왔는지 기억나요?"

"회령으로 왔던 것 같아요."

"강은 어떻게 건넜어요?"

"걸어서 건넜어요."

"물이 안 깊었어요?"

"5월이라 그랬는진 몰라도 제가 건널 당시에는 물이 깊지 않았어요. 아마도 무릎 아래로 왔던 것 같아요. 무슨 강이었는지는 잘 모르겠어요."

"걸어서 왔다는 이야기는 처음 듣네요. 엄마는 어디서 만났어요?"

"강 건너서 바로요. 엄마가 강까지 마중 나와 있었거든요. 저기, 조사관님 혹시 제가 저번에 말씀드린 건 어떻게 됐나요?"

"아직 위에서 결정이 안 났어요. 아마 다음 조사 때는 알려드릴 수 있을 것 같아요. 오늘은 여기까지 할게요."

조사관은 조금 난처하다는 말투로 서둘러 조사를 마쳤다. 나도 더 이상 물어볼 수 없었기에 다음 조사 때까지 기다려 보기로 했다.

조사 9일 차, 절망

 조사관이 조금 늦게 온다는 말에 어느 때보다 더 초조하고 긴장되는 날이었다. 오늘은 내가 원하는 그 소식을 들을 수 있다고 했으니 꼭 좋은 소식을 가져오길 바랐다. 혼자 생각에 빠져 있는 사이 조사관이 들어왔다. 나는 나도 모르게 벌떡 일어나 조사관에게 물었다.

 "혹시 결정 났나요?"

 조사관은 알 수 없는 표정으로 일단 의자에 앉으라고

말했다. 그리고 차분하게 이야기를 시작했다.

"우선 위에까지 다 보고는 들어갔어요. 그런데 아직 결정이 안 난 상태예요. 소원 씨가 많이 힘든 건 알지만, 솔직히 저희 쪽에서는 소원 씨 말만 듣고 결정하기 어려운 상황이에요. 지난번 조사 때 이야기했지만, 새아빠의 성폭행으로 생긴 아이라는 걸 저희가 확인할 수가 없잖아요."

조사관은 본인도 답답하다는 듯이 말했다. 나는 조사관의 말을 듣고 또 눈물이 흘렀다. 맞는 말이지만, 나 또한 답답하기는 마찬가지였다. 그때의 상황을 보여 줄 수도 없고 온전히 나의 진술로만 그 상황을 판단하려니 그럴 만도 했다. 하지만, 내 입장에서는 기억하고 싶지 않은 성폭행 당시 기억을 최대한 구체적으로 진술해달라는 말에 최선을 다해 진술했는데 계속해서 거부당하는 느낌이 들자 힘이 빠졌다. 성폭행을 당한 순간만큼이나 나의 존재가 무기력하게 느껴졌다. 내 힘으로는 아무것도 할 수 없는 또 다른 고통의 시간이었다. 나는 조사관의 말을 듣고 한동안 아무 말도 할 수 없었다. 조사관은 눈물을 흘리는 나의 모습을 가만히 지켜보며 휴지만 건넬 뿐이었다. 나는 어떻게든 낙태를 원했기에 다시 한번 조사관에게 하소연했다.

"조사관님. 저 낙태 못 하면 못 살아요. 엄마 얼굴도 볼 수 없고요. 태국 교도소에 있을 때 대사관에서 나온 분이 한국 가면 낙태할 수 있을 거라고 해서 그 희망 하나로 지금까지 버텼어요. 근데 그 사실을 확인할 수가 없어서 낙태를 못 해준다고 하면 저는 이제 어떻게 살아요…."

  진심이었다. 만약 국정원에서 낙태를 못 해준다고 하면 나에겐 삶의 의미가 없어지는 것이었다. 조사관도 나의 말을 듣고 안타까워했다. 그러면서 본인이 한 번 더 위에 잘 말씀드려보겠다고 했다. 나의 컨디션 때문에 더 이상의 조사는 어려웠다. 일찍 조사를 마치고 독방으로 돌아왔다. 낙태를 할 수 있다는 희망 하나 때문에 지금까지 버텼는데 안 될 수도 있다는 말을 듣자 내 인생이 모두 아무것도 아닌 것처럼 느껴졌다. 어떤 말로도 위로가 되지 않았다. 나는 방으로 돌아와 한참을 멍하니 앉아 있었다. 그러다 화장실 벽에 걸려 있는 샤워부스 줄이 눈에 들어왔다. 불현듯 저 샤워기 줄이면 지금 나의 고통을 끝낼 수 있을 것 같다는 생각이 들었다. 중국에서 죽겠다고 도로에 뛰어들었던 이후 두 번째로 나쁜 마음을 먹은 순간이었다. 욕조에 물을 받고 샤워부스 줄을 목에 감았다. 그리고 살짝 당겼다. 순간 목이 확 조이면서 헛기침이 나왔다. 나는 얼른 줄을 당기고 있던 손의 힘을 풀었다. 그 순간 몸에 힘이 빠지면서 나는 그대로 욕조 물 안으로 미끄러져 들어갔다. 그 자리에서 나는 온몸의 힘이 빠질 때까지 더 이상 눈물이 나오지 않을 때까지 하염없이 울었다. 비겁하지만, 샤워기 줄이 내 목을 조여오는 순간 죽음에 대한 두려움이 나를 압도해왔다. 결국, 죽음이라는 두려움 앞에서 나는 또다시 생존의 고통을 선택했다. 욕조의 뜨거운 물에서 피어올라 유유히 사라지는 하얀 김처럼 나의 의식도 점차 희미해졌다.

마지막 희망

　다음날 나는 정신이 몽롱한 채로 침대에서 깨어났다. 어제 조사를 마치고 돌아와서 욕조에 들어갔던 기억까지는 있었지만, 그 후 언제 어떻게 침대로 와서 누웠는지 기억나지 않았다. 일시적인 기억상실이라도 걸렸던 모양이다. 오늘도 어김없이 아침 일찍 애국가가 흘러나왔고 곧이어 아침밥을 배식해주었다. 나는 입맛이 없어 밥을 먹지 않았다. 가능하다면 이 독방에서 고독하게 지내다 조용히 세상을 떠나고 싶었다. 그렇게 한참을 의욕 없이 침대에 누운 채 초점 없이 흐린 눈으로 천장만 바라봤다. 하얀 벽지에 새겨진 불규칙한 실선들만 보일 뿐 희미한 점조차 찾아볼 수 없었다. 마치 불안정한 내 삶을 뚜렷한 구분 없이 하얀색으로 표현해놓은 것만 같았다. 천장 어디에도 내가 찾는 점은 없었다. 나는 한참을 천장만 응시하다가 지쳐 눈을 감아버렸다.

  눈을 감은 순간 내 머릿속은 암전이 되었다. 백색의 세계에서 암흑의 세계로 들어가자 그곳에서도 아무것도 안 보였다. 나는 그대로 한참을 눈을 감고 있었다. 그러자 점차 청각의 세계로 들어갔다. 사람들의 웃고 떠드는 소리가 저 멀리서 들려왔다. 오늘도 출소하는 사람들이 한껏 들뜬 목소리로 말하고 있었다. 여기서 나가면 뭘 하고 싶은지, 뭘 먹을 건지 등 사소한 일상들을 이야기했다. 그들에겐 정말 소중한 일상일 것이다. 누구나 누리는 사소하고 평범한 일상과 자유를 누리기 위해 목숨 걸고 넘어온 사람들이니까. 그들의 기쁜 마음을 그들의 목소리만으로도 느낄 수 있었다. 얼굴도 모르는 그들의 말을 들으며 나도 모르게 눈물이 났다. 나에겐 저들이 누리는 평범한 일상과 자유도 이제는 아무런 의미가 없다고 생각하자 눈물이 멈추지 않았다. 흐르는 눈물은 좀처럼 멈출 기미를 보이지 않았고 삶의 의욕은 점점 암흑 속으로 추락하고 있었다. 또 한 번 미지의 세계로 빠져들었고 이내 나의 정신은 희미해졌다.

  똑똑똑. 누군가 문 두드리는 소리가 들렸다. 나는 꿈속이라고 생각하여 무시하고 벽 쪽으로 몸을 돌렸다. 하지만 좀처럼 문 두드리는 소리가 멈추지 않았다. 나는 어쩔 수 없이 일어나 앉았다. 그때에서야 누군가 왔음을 알아차렸다. 몇 번을 노크해도 대답이 없자 문을 열고 들어가겠다며 문에 키를 꽂고있는 상황이었다. 내가 침대에서 일어나 문을 열어주자 안내자는 대답이 없어서 놀랐다며 괜찮냐고 물었다. 나는 머리만 끄덕이고 다시 침대로 돌아왔다. 안내자는 조사관님이 찾는다며 조사실로 가자고 했다. 물로 대충 세안만 하고 바로 조사실로 향했다. 힘없이 축 처진 나의 모습을 본 조사관은 괜찮냐고 물었다. 나는 말없이 머리만 끄덕였다. 조사관은 나의 마음을 눈치챘는지 내가 가장 듣고 싶어 했던 말부터 해주었다.

"소원 씨, 낙태해주기로 했어요."
"정말요?"

나는 믿기지 않아서 다시 물었다.

"네. 마음고생 많았어요. 저도 얼마나 답답했는지 몰라요. 내가 결정할 수 있는 일이었으면 처음부터 해주고 싶었어요. 시간이 좀 걸리긴 했지만, 그래도 할 수 있게 돼서 정말 다행이에요. 수술 일정은 며칠 안으로 잡힐 거고요. 아마 원장님이 같이 가주실 거예요."
"감사합니다. 정말 감사합니다."
나는 몇 번이고 머리 숙여 인사했다. 눈물이 멈추지 않았다. 후련하고 다행이라는 생각이 들면서도 난생처음 하게 될 수술이 두렵기도 했다. 그럼에도 그 순간에는 다시 살아갈 희망이 생겼다는 사실에 얼마나 기뻤는지 모른다.

"원장님은 아무나 못 만나는 거 아시죠? 소원 씨 이야기를 들으시고 원장님이 직접 수술할 때 같이 가주시기로 했어요. 이제 조사는 다 끝났고 수술만 잘 받으면 돼요. 이제는 아무 걱정하지 말고 수술 잘 받아요. 그동안 정말 고생 많았어요."

"감사합니다."

 정말 이대로 죽을지도 모르겠다고 생각했던 나에게 마지막 희망이 찾아온 것 같았다. 다시 세상을 돌려받은 느낌이었다. 회색빛 작은 독방에서 철저히 고립되어 있던 내 삶에 다시 희망이 생긴 날이었다. 삶의 끝자락에서 맞이한 희망은 말로 다 표현할 수가 없었다. 죽음의 문턱까지 가본 사람은 안다. 삶이라는 여정이 얼마나 소중하고 감사한 것인지. 간절히 원하면 이루어진다는 말을 나는 온몸으로 경험했다. 그리고 또 한 번의 삶과 죽음의 경계에서 삶을 선택한 순간이기도 했다.

생명의 모순

 내가 살기 위해선 그 작은 생명체는 죽어야만 했다. 사실 생명이라기보단 아주 작은 세포였다. 만약 시간이 조금만 더 지체됐더라면 나에겐 더 고통스러운 시간이었을지도 모르겠다. 불행 중 다행은 정말 초기에 임신 사실을 알게 되었다는 것이다. 내가 직접 이런 일을 겪기 전에는 한 번도 낙태라는 것에 대해 진지하게 생각해본 적 없었다. 내가 경험하게 될 줄은 상상도 못 했으니까. 누구도 자신의 미래를 예상하지 못하는 것처럼 나도 나에게 닥칠 불행한 미래를 전혀 예상하지 못

했다. 예상치 못한 성폭행으로 생긴 생명과 내 삶을 맞바꿔야만 내가 살 수 있는 이런 삶을 누가 예상이나 했을까. 개인적으로 모든 생명은 소중하고 존중받아 마땅하다고 생각한다. 하지만 고등학생의 나이에 원하지 않는 임신을 한 뒤 나는 사람의 삶과 생명에 대해 깊게 고민해야 했다.

임신 사실을 처음 알게 된 건 태국 교도소에서였다. 예정일이 지나도 생리가 시작되지 않아 불안한 마음에 대사관에서 나온 직원에게 임신테스트기를 부탁했다. 그리고 불길한 나의 예감은 잔혹한 현실이 되었다. 임신 사실을 알고 난 후 얼마나 큰 좌절감이 들었는지 모른다. 살기 위해 목숨 걸고 여기까지 온 이유가 한순간에 무너지는 느낌이었다. 그 작은 세포를 내 몸에서 떼어내기 위해 50센티도 채 안 되는 화장실 문턱에서 일부러 뛰어내려 보기도 하고 제자리에서 높이 뛰기도 했다. 하지만, 내 몸과 마음만 병들어갈 뿐 변하는 건 아무것도 없었다. 절망적인 상황에 놓인 나에게 대사관 직원은 한국 가면 낙태할 수 있다고 했다. 그러면서 대사관

직원에게 나의 상황을 잘 이야기해 주겠다고 했다. 대사관 직원의 그 한마디가 얼마나 큰 힘이 됐는지 모른다. 당시 상황에서는 내가 다시 살아갈 유일한 희망이자 한 줄기 빛과도 같았으니까. 임신한 사실을 처음 알게 된 순간에는 너무 당황해서 아무 생각도 안 들었다. 정신을 차리고 나서야 내 배 속에 아이가 있다는 사실을 받아들일 수 있었다. 그 순간 나는 일말의 망설임도 없이 바로 낙태해야 한다고 생각했다. 폭력에 의해 생긴 아이는 나에게 불행의 씨앗이자 아픔의 증표 같은 것이었고, 무엇보다 이 세상에 태어난다고 해도 누구에게도 사랑받을 수 없는 아이였다. 잔인하지만 나를 위해서도 그 아이를 위해서도 낙태가 최선이었다.

사실 국정원 조사에서 성폭행으로 임신했다는 사실을 입증하고 낙태를 받기까지 나는 또 한 번 고통의 시간을 보냈다. 증거가 있는 것도 아니고 온전히 나의 증언으로만 그 사실을 입증해야 했기에 나의 정신적 고통은 그 어느 때보다 심한 상태였다. 조사관들도 답답해하기는 마찬가지였다. 하지만 당시 내가 할 수 있는 건 간절한 호소뿐이었다. 생명이 소중한 건 알지만, 낙태하지 않으면 난 살 수 없었으니까. 잔인하지만 내가 살기 위해선 그 핏덩이를 없애야만 했다.

 누군가는 이 글을 보고 그럼에도 낙태는 안 된다고 생각할지도 모르겠다. 하지만 적어도 당시 나에게는 최선의 선택이었다. 누구도 본인이 직접 경험하지 않고는 함부로 말할 수 있는 자격은 없다. 새 생명이 소중한 만큼 그 생명을 품고 있는 생명도 소중하다는 걸 잊지 말아야 한다. 이 세상에 소중하지 않은 생명은 없다. 나는 그때의 순간으로 다시 돌아간다고 해도 한 치의 망설임도 없이 같은 선택을 할 것이다. 둘 중 하나만 살아야 하는 생명의 모순 앞에서 우리가 할 수 있는 건 최선의 선택뿐이니까.

죽음의 무게

 아주 어렸을 적 친할아버지의 입관을 지켜본 적 있다. 죽음이라는 것조차도 제대로 모를 나이었다. 할아버지는 평소 아주 건강한 분이셨다. 그런 할아버지가 부엌으로 나가던 중 갑자기 넘어져서 뇌출혈로 돌아가셨다. 지금도 그날의 기억이 생생하다. 12월의 끝자락 눈보라가 세차게 휘날리던 추운 겨울이었다. 땅은 꽝꽝 얼어붙어 곡괭이가 튕겨 나올 정도였고, 아빠와 친척들은 눈바람과 맞서며 관을 묻을 땅을 열심히 팠다. 그리고 새해 첫날, 신정에 쓰려고 빻아온 쌀가루는 제사 떡이 되어버렸다. 어른들은 우리 부모님께 이렇게 말했다. "그래도 아버님 참 복 받게 돌아가셨어."라고. 당시 어린 나는 그 말의 뜻을 이해하지 못했다. 사람이 죽었는데 복 받았다니 도대체 무슨 말인지 이해되지 않았다. 하지만 성인이 된 지금에서야 그 말의 뜻을 알게 되었다. 보통 연세가 있으면 지병을 앓다가 고통스럽게 돌아가시는 분들이 많은 것에 비해, 우리 할아버지는 갑작스럽지만 그래도 고통 없이 건강하게 잘 살다 가셨다는 뜻이었다. 어쨌든 당시 할아버지의 죽음은 어린 나에게 큰 충격이었다. 피가 흥건한 모습, 눈을 뜨고 돌아가신 모습, 무엇보다 입관 전에 치러지는 과정을 보고 난 후 나는 죽음에 대한 두려움에 며칠 밤을 꼬박 새웠다. 언젠가 나도 그 관속에 들어가게 된다고 상상하니 온 세상이 나를 향해 조여오듯 숨 막혔다.

할아버지의 시신을 관속에 안치하고 관에 못을 박을 때 나의 공포는 극에 달했다. 얼마나 무서웠는지 나는 소리도 못 내고 엉엉 울었던 기억이 난다. 너무 어린 나이에 목격한 죽음으로 공포와 두려움만 가득한 순간이었다. 할아버지의 장례를 치른 후 나는 죽고 싶지 않다며 어머니에게 떼를 썼던 기억이 난다. 하지만 "사람이라면 누구든 죽음을 피할 수 없어."라고 단호하게 말하는 어머니의 대답에 죽음에 대한 나의 공포는 이루 말할 수 없이 커졌다. 지금 생각해보면 어머니는 그때부터 나를 강하게 키우셨던 것 같다.

 세상에 태어났으면 죽음은 피할 수 없는 숙명이라는 것을 그때는 몰랐다. 하지만 지금은 잘 알고 있다. '피할 수 없으면 즐겨라.'라는 말처럼 이제는 더 이상 죽음을 두려워하지도 피하려고도 하지 않는다. 다만 가끔 죽음에 대해 생각해볼 필요는 있다고 생각한다. 그래야 조금 더 일상에 감사하게 되고 결코, 이 세상에 당연한 것은 없다는 걸 알게 되니까. 사람은 언제 어디서 어떻게 무슨 일을 당할지 아무도 모른다. 그렇기에 평범하지만 평온한 하루에 감사하고 또 잘 살아가야 한다. 때로는 반복되는 일상이 지루하게 느껴질지언정 말이다.

 사람은 태어나는 순간 죽음도 함께 시작된다는 사실

을 잊지 말아야 한다. 다시 말해 우리는 죽음을 향해 가고있는 것이다. 이 사실을 기억한다면 적어도 나의 인생을, 나에게 주어진 일상을 헛되게 보내진 않을 것이다. 죽음을 어떻게 받아들이고 준비하느냐는 사람마다 다르다. 행복한 삶이었든 불행한 삶이었든 명이 다하는 날까지 최선을 다하고 자연으로 돌아가는 것이 어쩌면 인간의 도리이고 죽음에 대한 예의가 아닐까.

아픔을 마주할 용기

 성폭행 사실을 글로 옮기기까지 참 많이 고민했다. 누군가는 불편해할 수도 있고, 누군가는 그 고통을 견뎌 낸 나를 보고 대단하다고 할지도 모르겠다. 어쨌거나 나의 아픔을 세상 사람들에게 꺼내놓기가 사실은 두려웠다. 무엇보다 걱정이었던 것은 오랫동안 마음 깊은 곳에 묻어두었던 나의 아픔을 눈앞으로 꺼내었을 때 과연 내가 그 아픔을 마주할 용기가 있을지가 가장 두려웠다. 그 아픔을 온전히 마주하고 더 이상 아파하지 않을 자신이 있는지 확신이 들지 않았기 때문이었다. 그렇게 오랜 고민 끝에 마음속 깊이 묻어두었던 아픔을 글로 옮겼고, 다행히 나는 걱정했던 것보다 훨씬 담담하고 용기 있게 아픔을 마주했다. 그때의 아픔들이 더 이상 아프지도 두렵지도 않았다. 다만, 그때의 여리고 어린 소녀의 모습은 참 외롭고 안쓰러워 보였다. 내 의지와는 상관없이 홀로 차가운 세상에 내던져졌고 치열한 세상에서 홀로 살아남기 위해 애쓰는 당시의 어린 나의 모습에 눈가가 촉촉해졌다. 대견하고 기특하면서도 그 시간을 견뎌온 그때의 나를 마주하며 마음이 아프기도 했다. 또 한편으론 홀가분한 마음이 들기도 했다.

솔직히 가끔은 액션 영화에서 주인공들이 저마다의 이유로 복수하는 모습을 보며 나도 나를 고통스럽게 했던 그들에게 화끈하게 복수하고 싶다는 생각을 한 적도 있다. 하지만 복수의 끝은 어쩐지 공허해 보였다. 전혀 행복하거나 후련해 보이지 않았다. 그래서 나는 복수라는 단어를 마음속에서 지웠다. 차라리 그들을 용서하고 그 고통에서 나를 완전히 해방시켜 주기로 했다. 그 누구도 아닌 나를 위해서. 그리고 마침내 그 고통을 나에게서 완전히 떠나보낼 준비가 되었다. 아프고 고통스러웠던 그 시간을 떠나보내고 그 고통의 속박에서 자유로워지기로 했다. 시간이 약이라는 말처럼, 시간이 흘러 어른이 된 내가 그때의 어린 나를 안아줄 수 있게 되었다. 눈을 감고 그 시간을 돌이켜 보니 작고 여린 소녀가 살기 위해 필사의 몸부림을 치는 모습이 눈에 아른거렸다. 얼마나 고통스럽고 치욕스러웠을까. 그럼에도 참 잘 살아냈다. 가족이라는 이름 아래 철저히 고립된 폭력을 겪었지만 이젠 그 아프고 고통스러웠던 기억을 지우고 자유롭고 행복한 기억만 가득 채우고 싶다. 누구보다 치열하게 간절하게 삶을 살아왔으니 그 정도 누릴 자격은 충분하지 않을까. 가장 외롭고 힘든 나와의 싸움에서 나는 살아남았다. 그리고 이 모든 여정을 통해 내 삶이 더욱 소중해졌다.

물론 내가 이 이야기를 세상 밖으로 꺼낸다고 해서 크게 달라지는 건 없다. 하지만, 적어도 나와 같은 아픔을 가진 피해자들에게 조금이나마 용기가 되고 위로가 되었으면 하는 바람이다. 또한, 시간이 지날수록 사람의 기억은 신뢰도가 떨어지기 때문에 더 늦기 전에 나의 아품을, 나의 고통을 기록해두고 싶었다. 내가 기억 못 하면 그 고통스러웠던 사실이 없던 일이 될 수도 있으니까. 기억하기도 싫지만, 내가 당한 이 폭력들이 없던 일이 되는 건 용납할 수 없었다. 나와 같은 폭력을 당한 피해자들에게 이 말을 전하고 싶다. 아픈 상처를 애써 꺼낼 필요도 없고 애써 감출 필요도 없다고. 하지만, 적어도 피해자인 우리 스스로가 움츠러들고 세상으로부터 도망가진 말자고 말이다. 그리고 부탁하고 싶다. 부디, 피해자들을 함부로 판단하지 말아 달라고. 그들에게 필요한 건 따뜻한 말 한마디와 따뜻한 시선이라고 말이다.

때로는 누군가 나의 아픔을 알아준다는 사실 하나만으로도 위로가 되는 순간이 있다. 어떤 위로의 말보다 힘이 되는 순간이기도 하다. 생각해보면 우리는 불편한 사실을 마주하기 두려워하는 것 같다. 누구나 세상의 아름다운 부분 인생의 아름다운 부분만 보고 듣길 원하니까. 하지만, 살다 보면 불편한 것들을 마주해야만 하는 순간들이 분명히 있다. 불편한 상황은 누구나 마주하고 싶지 않을 테지만, 알고 보면 우리가 불편하게 여기는 것들이야말로 꼭 알아야 하는 진실인 경우가 많다. 그리고 진실을 말하기 위해선 용기가 필요하다. 바라건대, 세상이 불편한 일에 등을 돌리지 않았으면 좋겠고 진실을 말할 수 있는 용기 있는 사람들이 더 많아졌으면 좋겠다. 나와 같은 피해자들이 스스럼없이 자신의 피해 사실을 알릴 수 있는 그날이 올 때까지 나는 계속해서 글을 쓰고 목소리를 낼 것이다. 많은 이가 내 일이 아니라고 생각하기보다 언젠가는 나도 겪을 수 있는 일이라고 생각하면 좋겠다. 무엇보다 더 이상 피해자들이 스스로 소중한 생을 마감하는 일은 없길 바라며, 적어도 도움의 손길을 내밀면 그 손을 잡아 줄 수 있는 온기 있는 사회가 되길 간절히 바란다.

이방인

내가 이방인의 삶을 살게 되리라고 상상이나 했을까. 알 수 없는 것이 인생이라지만 내가 이방인의 삶을 살게 될 줄은 꿈에도 몰랐다. 고향에서는 엄마가 행방불명 됐다는 이유로 매일 정부의 감시 속에 살아야 했고, 중국에서는 국적이 없어 죄지은 사람처럼 숨어 살아야 했다. 고향에서는 죄를 짓지 않았는데도 모든 것을 감시 당하고 중국에선 국적이 없어 이방인의 삶을 살아야 했다. 언어가 통하지 않아 밖에도 마음대로 못 나가고 특히 엄마가 북한으로 북송된 후 나의 삶은 항로를 잃은 배가 망망대해를 떠도는 것처럼 막막하기만 했다. 툭 하면 경찰에 신고하겠다고 협박하는 새아빠와의 갈등에도 그곳에서 탈출할 방법이 없는 현실에 얼마나 많은 좌절을 했는지 모른다. 나의 능력으로 할 수 있는 일이 하나도 없었으니까. 고향에서는 매일 감시 속에 살았지만, 그런 고향이 얼마나 그리웠는지 모른다. 적어도 함께 뛰어놀 수 있는 친구들도 있고 무엇보다 가족이 있고 국적이 있었으니까. 국적 없이 숨어 사는 타국에서의 이방인의 삶은 말 그대로 지옥이었다. 내 나라가 있고 국적이 있다는 것이 얼마나 감사한 것인지 새삼 깨닫게 되는 순간이었다.

잠깐 동네에 산책이라도 나가면 동네 사람들은 나를 보고 수군거리는 것은 기본이었다. 대부분 어디 도망가는 거 아니냐며 수군거렸다. 도대체 내가 뭘 잘못했다고 이렇게 가는 곳마다 감시를 당하고 수군거림을 들어야 하는지 때로는 억울하고 화도 났다. 도대체 왜 내 인생은 이렇게 불행의 연속인지 한탄스럽기도 했다. 국적도 없는 이방인의 신분으로 할 수 있는 건 아무것도 없었다. 유일하게 내가 할 수 있는 건 뭐든 빠르게 습득하는 것뿐이었다. 고향에서 초등학교 중퇴 이후로 공부를 해본 적이 없는 나였지만, 중국에서 약 5개월 정도 머무는 동안 한국 드라마와 아이돌 뮤비 등을 중국어 자막으로 보며 자연스럽게 중국어를 이해하고 쓸 수 있게 되었다. 어쩌다 보니 가장 최악의 순간에 나는 나의 재능을 발견하게 되었다. 내가 중국어를 알아듣고 쓸 수 있다는 사실을 모르는 새아빠와 동네 사람들은 대놓고 내 앞에서 험담하기도 했다. 나는 그때 생각했다. 이것을 역이용하면 이곳을 탈출할 수도 있겠다고. 그렇게 나는 그곳에서 탈출할 계획을 철저히 세우고 마침내 지옥 같은 현실에서 탈출할 수 있었다.

어디에도 속할 수 없었던 이방인의 삶. 나에겐 그 짧은 순간이 비극이었다. 나의 의지와는 상관없이 죄를 지은 것 같은 삶을 살아가는 것. 이유 없이 누군가의 비난의 대상이 되는 것. 매일 불특정 다수의 감시를 당하며 숨죽이며 살아가는 것. 말 그대로 철창 없는 감옥이었다. 잠시였지만, 이방인의 삶을 경험하며 많은 것을 깨달았다. 또한, 가장 비극적인 순간에 나는 나의 잠재력을 발견했고 '하늘이 무너져도 솟아날 구멍은 있다'라는 말을 몸소 경험했다. 그렇게 습득한 중국어를 이용해 나는 그곳에서 홀로 탈출할 수 있었다. 이방인의 삶은 나에게 아픈 기억이지만 그 아픔을 지니고 미래를 살아갈 마음은 없다. 그 순간마저도 내 삶의 일부이기에 내 인생의 앨범 속 한 페이지에 고이 간직하려 한다. 불행하고 불안정했던 나의 이방인의 삶이여, 이제 안녕.

살아야 했으니까요

 많은 사람들이 나에게 묻는다. 어떻게 그 힘든 순간들을 버틸 수 있었냐고. 그럴 때마다 나는 늘 같은 대답을 한다. 살아야 했고, 그 상황을 이겨내야만 했다고. 애석하게도 힘든 시간을 잘 이겨내는 기적 같은 방법은 없다. 단지, 내가 처한 상황에서 살기 위해 최선을 다해 발버둥치는 것 말고는 말이다. 사람은 환경에 따라 적응하는 동물이라는 말처럼 최악의 환경에 처하면 그 상황에 맞게 어떻게든 살아간다. 지금 생각해도 태국 교도소는 최악의 환경이었다. 몇 평 되지도 않는 철창 속 단

칸방에서 낯선 이들과 함께 지내는 일. 방과 화장실의 구분이라고는 겨우 중요 부위만 가릴 정도의 낮은 벽이 전부인 곳. 철창 속에 갇힌 동물처럼 때 되면 주는 밥 먹고 마치 주인이 찾으러 와야만 나갈 수 있는 사람들. 그곳에서 나갈 수 있는 날만 기다리며 아슬아슬하게 생활을 이어나가는 삶은 분명 위태로웠다. 날 선 사람들과의 생활은 당시 청소년이었던 나에게는 두려움과 불안함 그 자체였다. 천장에 튀어 있는 빛바랜 핏자국과 날선 어른들의 싸움은 나를 더 두렵게 만들었다. 가능하다면 그곳에서 하루빨리 탈출하고 싶은 마음 뿐이었다.

모두가 예민해져 있는 그곳에서 자칫 행동 하나, 말 한번 잘못했다가는 큰일이 날 것 같았다. 낡고 얇은 담요를 뒤집어쓰고 소리 없이 울기도 하고 담요에서 나는 냄새를 피하려고 코만 내놓은 채 눈을 질끈 감은 적도 있다. 두려움으로 가득한 나의 마음을 달래 준 것은 작은 수첩과 볼펜 한 자루 뿐이었다. 좋아하는 노랫말을 적기도 하고 시인처럼 내 나름의 시를 적으며 매일매일을 버텼다. 가끔 어른들의 괴성이 오가는 소리가 들려도 나는 더 이상 놀라지 않았다. 그저 담요를 뒤집어쓴 채 쥐 죽은 듯이 있을 뿐. 처음엔 싸움이 나면 어찌할 바를 몰라 주춤거리기도 했다. 그때 어떤 분이 내 생각을 읽기라도 한 듯 조용히 한마디 건넸다.

"내버려 둬. 괜히 말리려고 했다가 네가 다쳐."

그분의 말에 눈치를 살폈던 나도 다른 사람들처럼 관심을 가지지 않기로 했다. 자유가 없는 감방에 갇힌 그곳에서 나갈 날만을 기다리는 사람들. 어쩌면 그들에게서 나오는 예민함과 폭력적인 면들은 억압된 자유와 기본적인 인권이 사라진 것에서부터 시작된 것인지도 모르겠다. 살기 위해 태어난 고향을 떠나왔는데 타국에서 죄명도 모른 채 다른 죄수들과 함께 생활해야 했으니 그 마음이 오죽했을까. 죄를 짓지도 않은 사람들이 죄수들과 함께 지내는 것은 분명 위험한 일이었다.

나는 다행히 다른 분들보다는 조금 일찍 그곳에서 나올 수 있었다. 내가 그곳에서 보호자도 없이 낯선 이들과 함께 지내며 버틸 수 있었던 이유는 딱 한 가지였다. 살아야 했고, 살고 싶었기 때문이다. 그 외에는 어떤 생각도 들지 않았다. 가끔 화가 난 어른들이 하소연하듯 "이렇게 사느니 차라리 죽고 말겠다."라고 말하는 것을 스치듯 들은 적도 있다. 그러기엔 나는 내 목숨이 소중했다. 그리고 솔직히 죽음이 너무 두려웠기에 나는 무조건 살아야 한다고 생각했다.

사람이 최악의 상황에 몰리면 평소에는 복잡하고 흐릿하게만 보이던 길도 아주 선명하게 보인다는 걸 많은 시행착오를 겪으며 깨달았다. 보통 두 가지 길로 나뉘게 되는데, 희망과 절망, 기쁨과 슬픔, 삶과 죽음, 시작과 끝이다. 그리고 우린 둘 중 하나만 선택해야 하는 선택의 기로에 서게 되는 순간이 있다. "사느냐 죽느냐 그것이 문제로다."라는 유명한 대사처럼 새로운 삶을 시작할지 그대로 삶을 끝낼지는 온전히 나 자신에게 달려있다.

지금 이 순간에도 선택의 기로에 아슬아슬하게 서 있

는 사람들이 있을 것이다. 그런 분들에게 조심스럽게 이 말을 건네고 싶다. 감히 그 힘듦의 깊이를 다 헤아릴 수는 없지만, 어쩌면 그 힘듦은 내가 만들어놓은 틀일지도 모른다고. 그 틀 안에서 홀로 고독하게 힘들어하고 있진 않은지 돌아보라고 말이다. '어른들은 항상 설명이 필요하다.'라는 어린 왕자의 책 속 명대사처럼, 어쩌면 우리에겐 어린아이처럼 순수하고 단순한 사고가 필요한 것일지도 모른다. 하여, 조금만 생각을 덜어내고 이렇게 생각하면 좋겠다. 하루만 더 살아보자고 하루만 더 견뎌보자고 말이다.

힘든 순간에는 어떤 말도 위로가 되지 않음을 누구보다 잘 알고 있지만, 그럼에도 과거의 나처럼 감당하기 어려운 힘든 상황에 놓인 사람들이 있다면 이 말을 꼭 전하고 싶다. 세상 사람 모두 등을 돌려도 나만큼은 나에게서 등 돌리면 안 된다고. 힘든 순간에 가장 필요한 건 내 삶에 대한 믿음과 확신이라고. 어떤 일이 있어도 나는 살아갈 것이라는 믿음과 의지만 있다면 분명 좋은 날이 올 테니까. 부디, 소중한 내 삶을 외면하지 말고 따뜻하게 보살펴주길 바란다.

그럼에도
사랑과 희망이 있기에

사랑의 눈썰매

　내가 태어난 고향은 북쪽에서도 맨 끝에 위치한 함경북도 청진이다. 겨울이면 하얀 눈 세상으로 변하는 곳이기도 하다. 실제로 내가 할머니 집에서 살 때 눈이 1미터 이상 와서 문이 안 열렸던 적도 있었다. 분명 전날 저녁까지만 해도 눈이 바닥에 조금 쌓인 정도였는데 밤새 얼마나 많이 왔는지 아침에 출입문을 열 수가 없었다. 결국, 문을 열고 닫기를 반복하며 생긴 작은 틈으로 눈을 조금씩 걷어내고서야 겨우 문을 열 수 있었다. 당시 나에겐 눈은 즐거운 놀 거리였지만, 할머니에게는 얼른 치워야 하는 쓰레기일 뿐이었다. 그런 할머니의 마음도 모른 채 나는 눈밭에서 뒹굴기를 좋아했다. 눈이 많이 오는 그곳에서 유일한 교통수단이자 놀 거리는 눈썰매였다. 나에게도 할아버지가 만들어준 눈썰매가 있었는데 아주 유용한 교통수단이었다. 겨울에 눈썰매 하나만 있으면 모든 것이 해결됐으니까. 학교도 갈 수 있었고 장작이나 짐도 나를 수 있었다. 믿기 어렵겠지만 그곳에서 눈썰매는 아주 유용한 교통수단이었다.

지금도 선명하게 기억나는 일이 하나 있다. 겨울방학이었던 어느 날. 엄마가 나에게 강냉이를 튀겨 오라고 심부름을 시킨 적이 있다. 당시 우리 집은 형편이 어려워져 비싼 과자 같은 것은 꿈도 못 꿨고 강냉이(북한에선 알광이라고 한다)가 유일한 겨울 간식이었다. 나는 신나서 눈썰매에 2킬로짜리 강냉이 자루를 싣고 집을 나섰다. 강냉이 자루가 실린 눈썰매를 끌고 강냉이를 튀겨주는 집 언덕에 도착할 때쯤 눈썰매가 가벼워진 것 같은 느낌이 들어서 뒤를 돌아보니 강냉이 자루가 없었다. 나는 놀랄 새도 없이 왔던 길을 다시 달려가 보았다. 하지만 강냉이 자루는 어디에도 없었다. 아직도 그때 그 강냉이 자루의 행방을 모른다. 내가 떨어뜨렸든 누군가 가져갔든 둘 중 하나일 텐데. 뭐가 됐든 누군가 필요한 사람이 가져갔길 바랄 뿐이다.

  강냉이 자루를 잃어버리고 부모님에게 혼날 것이 두려워 도저히 집으로 들어갈 용기가 안 났다. 그래서 나는 외할머니 집으로 도망갔다. 겨울이라 해가 짧아서 할머니 집에 도착했을 땐 이미 날이 어두워져 있었다. 할머니 할아버지는 내가 언제 가든 항상 반겨주시는 분들이었다. 그날도 이 밤에 무슨 일로 왔는지 묻는 대신 어떻게 혼자 왔느냐며 밥은 먹었냐고 물어보셨다. 안 먹었다고 하자 바로 따뜻한 밥부터 챙겨주셨다. 나는 할머니가 차려준 밥을 먹으며 낮에 있었던 일을 다 말씀드렸다. 두 분은 귀엽다는 듯이 나를 보며 웃으셨다. 나는 혼자 한껏 예민해져 할머니 할아버지에게 웃지 말라며 내일 엄마에게 뭐라고 말하냐며 투정을 부렸다. 그러자 할머니는 괜찮다며 그런 일로 엄마가 혼내지 않을 거라며 달래주셨다. 그럼에도 불안한 마음은 좀처럼 떨

처낼 수 없었다.

 다음 날 아침 자고 일어나니 이미 엄마가 와있었다. 나는 부엌에서 할머니와 이야기 나누는 엄마 목소리를 듣고 다시 이불을 덮고 자는 척했다. 하지만 이내 할머니가 들어와 밥 먹자며 나를 깨웠고 나는 어쩔 수 없이 일어났다. 나는 죄를 지은 사람처럼 엄마 얼굴을 제대로 쳐다보지도 못하고 고개를 푹 숙이고 있었다. 엄마는 그런 나를 보고 밥 먹으라며 숟가락을 쥐여주었다. 화를 낼 줄 알았는데 오히려 다정한 엄마의 행동에 나는 어리둥절했다. 평소 같으면 덜렁거린다며 혼냈을 엄마인데 어딘가 달라진 엄마의 행동이 너무 낯설었다. 밥을 다 먹은 후에 엄마는 내 손을 꼭 잡고 이야기했다.

"소원아, 엄마가 얼마나 걱정했는지 아니? 엄마 아빠가 밤새 잠을 못 잤어. 다음부터는 절대 그러지 마. 알겠지?"

 나는 말없이 고개만 끄덕였다. 그리고 닭똥 같은 눈물

이 뚝뚝 떨어졌다. 부모님의 걱정 어린 마음을 너무 몰랐던 것 같아 죄송한 마음이 들어서였다. 무작정 혼낼 것 같아서 할머니 집으로 도망쳐 왔는데 나의 어리석은 행동 때문에 부모님이 밤새 잠도 못 자고 나를 걱정했다고 하니 눈물이 멈추지 않았다. 엄마는 그런 나를 말없이 꼭 안아주었다. 나는 강냉이 한 자루를 통해 부모님의 한없는 사랑을 알게 되었다. 어린 마음에 부모님에게 장난감을 사달라며 떼를 쓴 적도 많았는데 성인이 된 지금에서야 그때의 부모님의 심정이 어땠을지 조금은 알 것 같다. 부모란 존재 자체만으로도 감사하고 힘이 되는 존재이다. 적어도 나에겐 그렇다. 이 세상에 태어날 수 있게 해주었고, 지금의 삶을 살아가는 것도 부모님이 있었기에 가능한 것이니까.

 자식들이 아무리 부모님의 사랑에 보답한다고 해도 자식을 향한 무한한 부모님의 사랑은 이길 수가 없다. 그래서 위로부터의 사랑은 있어도 아래로부터의 사랑이 없다는 말이 나온 건지도 모르겠다. 나에게 강냉이 자루를 잃어버린 눈썰매 사건은 잊지 못할 아름다운 추억으로 남았다. 사랑이라는 감정은 눈에 보이지 않지만, 서로의 교감을 통해 느낄 수 있다. 그 감정은 다양한 형태로 우리에게 다가온다. 어떤 형태이든 상관없이 사랑의 감정을 느낀다면 그건 분명 사랑일 것이다. 어쩌면 그날 나는 강냉이 자루 대신 부모님의 사랑을 실은 눈썰매를 끌고 할머니 집으로 간 것일지도 모르겠다.

바가지머리 소녀

 유년 시절 나의 또 다른 이름은 바가지머리 소녀였다. 이발사인 할머니 덕분에 내 의지와는 상관없이 늘 짧은 바가지머리를 해야만 했다. 바가지머리만 만들면 다행이지 가끔 바가지머리에 파마까지 해놔서 그야말로 양 머리 같았다. 할머니가 만들어놓은 양 머리 때문에 학교에 가면 나는 늘 친구들의 놀림거리가 됐다. 아마도 이때부터였던 것 같다. 또래 친구들과는 다른 모습으로 살아가야 했던 것이. 취향이 확고하고 독특한 할머니 밑에서 자라며 또래 친구들이 하는 평범한 것들은 이룰 수 없는 하나의 희망 사항이 되었다. 긴 머리를 양 갈래로 묶고 예쁜 머리핀을 달고 다니는 친구들과 달리 나는 늘 바가지머리만 하고 다녔으니까.

 새 학년으로 올라가기 전 졸업식 사진을 찍는 날에도 할머니는 내 머리를 가만히 두지 않았다. 내 머리보다도 훨씬 큰 대왕 리본을 직접 만들어서 내 머리에 달아줬다. 지금 생각해도 우리 할머니는 참 독특하신 분이다. 그 덕분에 나는 아주 일찍이 세상의 시선으로부터 당당해질 수 있었다. 솔직히 당시에는 너무 싫어서 할머니에게 짜증도 부리고 속상한 마음에 많이 울기도 했다. 하지만 시간이 지날수록 나는 남들과 다른 내 모습에 점차 익숙해졌고 그런 나의 모습을 인정하고 받아들이게 됐다. 또한, 새로운 나만의 해소 방법을 찾기도 했다. 동생과 둘이 연극을 하며 마치 성인이라도 된 듯 가짜 긴 머리를 만들어 머리에 붙이고 놀며 긴 머리에 대한 갈증을 풀었다. 사실 할머니는 나뿐만 아니라 내 동생도 어김없이 바가지머리로 만들어놓았다. 할머니가 나와 동생의 머리를 자를 때마다 습관처럼 하는 말이 있었는데 처녀가 되면 머리를 실컷 기를 수 있다는 것이었다. 나와 동생은 할머니가 계시는 동안은 머리를 절대 기를 수 없다는 걸 일찍이 깨닫고 '둘만의 연극'이라는 나름의 해결 방법을 찾은 것이다. 그 밖에도 나는 특히 유년 시절부터 청소년기에 또래 친구들보다 많은 일들을 경험했다. 좋든 싫든 다양한 경험을 많이 한 덕분에 삶의 지혜를 터득하게 되었다.

아마도 그때부터였을 것이다. 인생에서 어떤 문제가 생겼을 때 그 상황을 탓하고 주저앉기보다 그 상황을 어떻게 해결할 것인지 나만의 돌파구를 찾으려 했던 것이. 어떤 일이든 어떤 관점으로 보느냐에 따라 결과는 완전히 달라진다는 것을 일찍이 깨달은 것이다. 돌이켜보니 유년 시절 나의 의지와는 상관없이 바가지머리를 했던 그 시절이 나에게는 참 소중하고 감사한 시간이었다. 알고 보면 인생에 도움이 안 되는 경험은 없는 것 같다. 가장 중요한 건 바가지머리가 아니라 그 머리를 받아들이는 나의 태도라는 사실을 알게 됐으니 말이다. 더 나아가 그 머리 스타일을 어떻게 소화하면 좋을지 연구하고 방법을 찾는 것이 현명한 방법이라는 것을 알았다. 즉 타인의 시선도, 사회의 시선도 내가 어떻게 바라보고 어떤 마음으로 받아들이는지가 중요하다는 것이다.

그 옛날 바가지머리 소녀는 일찍이 사람들의 불편한 관심과 시선을 받으며 자랐다. 덕분에 남들의 불편한 관심 속에서도 흔들리지 않고 살아갈 수 있는 지혜가 생겼다. 살다 보면 뜻하지 않게 불편한 관심을 받을 때가 있다. 그럴 때마다 불쾌하게 받아들이고 기분 나빠하기보다 나만의 의연한 대처법을 마련해두는 것도 하나의 지혜이다. 모든 것을 부정적으로 생각하고 받아들이기보다 되도록 긍정적으로 생각하고 받아들이며 살다 보면 때로는 불편한 관심도 고맙게 여겨지는 순간이 있을 것이다. 조금은 불편할지언정 무관심보다는 나을 테니까.

한국 정착 과정에서 감사하게도 좋은 분들을 만나서 도움을 많이 받았다. 하지만 그 속에는 분명 동정과 안쓰러운 마음으로 나를 안타깝게 생각하는 분들도 있었을 것이다. 그렇지만, 나는 전혀 개의치 않았다. 왜냐면 나는 그 관심들을 그저 감사함으로 받아들이기로 했기 때문이다. 만약, 누군가의 동정이 기분 나쁘게 받아들여졌다면 나는 그 관심을 받고도 혼자 계속 힘들어했을 것이다. 결국, 중요한 건 나를 향한 상대방의 관심과 태도를 받아들이는 나의 마음가짐인 것이다.

어느 봄날의 기억

 햇살이 따스한 어느 봄날. 거북이 등처럼 둥글게 등이 굽은 할머니가 가느다란 허리에 배낭끈을 몇 겹이나 돌려맨 채 텃밭에서 감자를 심고 있었다. 할머니가 허리에 배낭끈을 돌려매는 것은 배고픔을 달래기 위해 시작된 할머니의 오래된 습관이었다. 내가 태어난 후 얼마 지나지 않아 고난의 행군이 시작되었고, 그로 인해 많은 사람들이 굶주림에 시달렸다. 고난의 행군이란, 1994년 김일성이 사망한 후 극심한 식량난과 경제난을 겪은 시기를 말한다. 한국의 IMF와 비슷하다고 생각하면 이해하기 쉽다. 할머니의 허리띠 졸라매는 습관도 그때부터 시작되었다고 했다. 봄은 희망의 계절이라지만, 하루 벌어 하루를 사는 사람들에겐 그런 희망마저 사치였다. 굶주림과 가난은 사람을 비참하고 병들게 했다. 할머니는 가녀린 몸으로 감자 씨앗을 한 알 한 알 땅에 정성껏 심었다. 감자 씨앗을 땅에 묻을 때마다 할머니 이마에 맺힌 땀방울도 함께 스며들었다. 뜨거운 태양 때문인지 굶주린 탓인지 할머니 이마의 땀은 쉴새 없이 떨어졌다. 오늘따라 할머니의 힘없고 가녀린 모습이 유독 안쓰러워 보였다. 윤기가 나고 검던 머리는 어느새 흰백색으로 변했고, 얼굴엔 세월의 주름이 깊게 파여 있었다. 그 모습에 할머니의 지난 삶이 주마등처럼 스쳐 지나갔다. 나는 조용히 할머니의 모습을 지켜보다 일손을 돕기 위해 텃밭으로 갔다.

"할머니 내가 도와줄까?"
"거의 다 심었어. 종자도 많지 않아서 올해는 반 정도밖에 못 심겠어."
"그럼 나머지 밭에는 뭐 심으려고?"

나는 감자 종자를 할머니에게 건네며 물었다.

"알아봐야지. 감자 종자를 더 구하거나 시금치 씨라도 사서 뿌려야지."

할머니는 마지막 감자 종자를 묻으며 말했다.

"올해는 옥수수 농사가 잘돼야 할 텐데. 아니다. 그것보다는 도둑을 맞지 말아야지…."

할머니는 걱정스럽게 말했다. 작년에 할아버지가 옥수수를 지키기 위해 경비를 서다가 옥수수를 도둑질하러 온 군인들이 던진 돌에 맞아 피멍이 들어서 온 적이 있었기 때문이었다. 할아버지의 옥수수밭은 집에서 좀 떨어진 야산에 크게 있었다. 봄이 되면 할아버지는 며칠 동안 배낭으로 옥수수와 퇴비를 메고 날랐다. 그렇게 힘들게 농사지어도 경비를 서지 않으면 그 옥수수는 모두 남의 것이 되어버렸다. 농사만큼이나 중요한 것이 바로 경비였다. 작년에 할아버지가 피멍이 들어 온 후로는 나도 도움이 되고 싶어 할아버지가 경비 서러 가면 무작정 따라나섰다. 솔직히 내가 큰 도움이 되진 않았을 것이다. 그래도 어두운 밤 산속에서 뻐꾸기 소리만 들으며 고독한 시간을 보내는 것보다 훨씬 나았을 것이다. 평소 과묵하신 분이라 표현은 안 했지만, 할아버지 특유의 사람 좋은 웃음을 통해 느낄 수 있었다. 적어도 내가 짐은 되지 않고 있다는 것을. 가끔은 그런 할아버지의 과묵함에 답답하고 화난 적도 많다. 옥수수를 도둑맞고 얼굴에 피멍이 잔뜩 들어서 집에 온 날도 할아버지는 화를 내기는커녕 흥분한 할머니와 나를 안정시키느라 바빴다. 그리곤 차분하게 이렇게 말했다.

"걔들도 다 먹고살려고 그런 거야. 어쩌겠어, 배가 고픈데 뭐라도 먹어야지."

동네 사람들 말대로 할아버지는 정말 법 없이도 살 사람이었다. 하지만 함께 사는 우리 가족에겐 때때로 고구마 같은 존재였다. 어쩌면 그래서 우리 할머니 성격이 더 괴팍해진 걸지도 모르겠다.

할머니와 할아버지는 서로 너무 다른 성격을 지닌 분들이었다. 두 분의 공통점을 꼽아 보자면 없는 살림에도 희망을 잃지 않고 타인을 배려하며 산다는 것이었다. 두 분의 이런 모습을 통해 나는 배웠다. 사람은 없이 살지언정 바르고 소신껏 살아야 한다는 것을. 더불어 우리는 모두 사랑하는 사람과 잘 살기 위해 애쓰는 것뿐이라고. 세상사 모두 그럴만한 이유가 있다는 것을 말이다. 그날 할머니가 심은 감자 씨앗은 우리에게 희망이자 곧 삶이었다.

책은 인생의 길동무

"할머니, 학교 다녀올게."

할머니가 차려준 아침밥을 먹고 집을 나왔다. 오늘도 난 할머니에게 학교에 간다고 거짓말을 하고 집 뒤뜰에서 혼자 소꿉놀이를 할 생각이었다. 엄마가 행방불명되고 아빠도 선박사고로 세상을 떠난 후 할머니는 나에게 부모 그 이상의 존재였다. 할머니는 어디 가서 부모 없이 자랐다는 소리 듣지 말아야 한다며 없는 살림에도 나를 꼭 학교에 보내려고 했다. 하지만 난 할머니의 바람대로 학교에 잘 다닐 수가 없었다. 엄마의 행방불명을 핑계로 부모가 없는 아이라고 놀리는 친구들의 장난스러운 농담이 싫어서였다. 그때부터 나는 학교에 가지 않고 밖에서 대충 시간을 보내다 집으로 들어가곤 했다. 마치 혼자만의 연극을 했다고나 할까. 오늘도 난 평소처럼 집 뒤뜰에서 시간을 보내다 하교 시간에 맞춰서 집에 들어갈 생각이었다. 한창 혼자만의 연극에 빠져 있을 때 갑자기 할머니가 변소에 온 것을 보고 나도 모르게 얼른 집 뒤뜰 벽으로 몸을 숨겼다. 변소가 집 바로 옆에 있어 자칫 잘못하면 뒤뜰에 있는 내 모습이 보일 수도 있었기 때문이었다. 나는 몸을 숨긴 채로 할머니의 행동을 살펴봤다. 고개만 살짝 내밀고 할머니가 변소에서 나오기만을 기다렸다. 얼마 후 변소에서 나오는 할머니의 인기척에 살며시 내다보았다. 다행히 할머니는 나를 못 본 것 같았다. 나는 안도의 한숨을 내쉬며 그 자리에 풀썩 주저앉았다. 그날 오후에도 나는 하교 시간에 맞춰 집으로 들어갔다. 할머니는 오늘도 학교에 다녀온 내 모습이 자랑스럽다는 듯 반갑게 맞아주었다.

"오늘 수업은 어땠니? 재미있었니?"

궁금한 게 많은지 할머니의 눈은 반짝거렸다.

"그냥, 맨날 똑같아."

나는 능청스럽게 거짓말을 했다. 아무렇지 않은 척 말했지만, 사실 심장이 쿵쾅거렸다. 나는 거짓말이 들키지 않게 얼른 말을 덧붙였.

"얼마 전에 우리 반에 새로 전학 온 친구 있거든? 근데 걔가 나랑 같은 책상 쓰게 됐는데 계속 자기 책상 넘어오지 말라고 괴롭혀."

나는 얼마 전에 새로 전학 온 친구와 다퉜던 생각이 나서 말했다.

"왜? 이유 없이 그냥 괴롭혀?"
"몰라. 나랑 같은 책상에 앉은 날부터 그냥 계속 괴롭혀. 그래서 한 번 싸웠어."

"싸웠어? 언제?"

"좀 됐어…. 가만히 있는데 자꾸 놀리잖아. 엄마 중국으로 간 거 아니냐느니 아빠 진짜 경찰 맞느냐면서…."

설명하다가 나도 모르게 미간을 찌푸렸다. 할머니는 아무 말도 하지 않았다. 사실, 그동안 할머니에겐 학교에서 있었던 일을 말하지 않았다. 딸이 행방불명되고 힘들어하는 할머니에게 나까지 짐이 되고 싶지 않아서였다. 하지만 오늘은 왠지 모르게 마음속 말들이 내 의지와는 상관없이 마구 튀어나왔다. 할머니의 탓도 아니고 그 누구의 탓도 아닌데. 그동안 마음속에 쌓여온 외롭고 서운한 감정들이 차고 넘쳐 결국, 터져버린 걸지도 모르겠다. 그날 저녁 잠자리에서 할머니가 말했다.

"기억나? 학교 처음 입학한 날 담임선생이 칠판에 자기 이름 써보라고 했는데 소원이 너만 너 이름 못 썼던 거."

"당연히 기억나지. 나만 못 썼잖아."

"그날 얼마나 속상했는지 몰라. 앞으로 학교생활은 잘할 수 있을지 어떻게 해줘야 하나 걱정이 많았는데, 1학년이 지나고 2학년이 되면서 반에서 1, 2등 하는 걸 보면서 얼마나 행복했는지 몰라. 너무 자랑스러웠지. 그래서 내가 힘이 닿는 데까지는 꼭 학교에 보내려고 했어."

"미안해…."

"아니야. 좀 배우지 못하면 어때. 바르게 잘 살면 되지. 대신 책을 많이 읽어야 돼. 책은 인생의 길동무나 같아. 아는 게 곧 힘이야."

초등학교 입학하던 첫날 맞벌이하는 부모님 대신 할머니가 학부모로 와줬는데 그날의 기억이 났던 모양이었다. 그날 이후 할머니는 더 이상 보자기에 책과 필통을 싸주며 학교에 가라고 강요하지 않았다. 대신에 책은 꼭 읽어야 한다고 신신당부했다. 책은 인생의 길동무와도 같다고. 어쩌면 유치원도 제대로 졸업하지 못한 내가 내 이름 석 자를 제대로 쓰지 못했던 것은 당연한 결과였을지도 모르겠다.

사람 일은 모른다더니 누가 상상이나 했을까. 내 이름 석 자도 못 쓰던 내가 글쓰기를 좋아하고 작가까지 되리라고. 하늘에 계신 우리 할머니가 이런 나의 모습을 봤다면 참 기뻐했을 텐데.

추억을 안고 사는 삶

 사람이라면 누구나 잊지 못할 추억 하나쯤은 간직하고 있을 것이다. 나에게도 아주 많은 추억이 있다. 물론 그중에는 기억조차 하기 싫은 아픔들도 많지만, 그것만큼이나 행복했던 추억들도 많다. 고향에서의 가족과의 추억, 유년 시절 친구들과의 추억들은 나에겐 참 소중하다. 지금은 만날 수 없지만, 그때의 추억들을 떠올리면 나도 모르게 입가에 미소가 번지곤 한다. 추억은 사람을 살아가게 하는 원동력이 되기도, 삶을 지탱해주는 기둥 같은 역할을 하기도 한다. 누구나 한 번쯤 이 순간이 영원했으면 하는 행복한 순간들이 있을 것이다. 하지만 슬프게도 우리 인생에 영원한 것은 없다. 잊지 못할 순간들이 있을 뿐. 사랑하는 가족과 함께하는 순간처럼 행복했던 순간들을 시곗바늘 돌리듯 거꾸로 돌릴 수만 있다면 얼마나 좋을까. 하지만 우린 그럴 수 없다는 걸 잘 알고 있다. 그래서 더 영원하길 바라는 걸지도 모르겠다.

 누구도 소중한 사람과의 이별을 원하지 않을 것이다. 하지만, 우리 인생에는 늘 행복과 불행, 만남과 이별처럼 동전의 양면 같은 상황들이 따라온다. 세상에는 영원한 관계가 없다는 걸 알면서도 우리는 상처받고 싶지 않아서 그 순간들이 지속되기를 바란다. 하지만 만남이 있으면 이별이 있고, 태어나면 죽음을 피할 수 없다는 사실을 우리는 잘 안다. 다만, 그 사실을 알면서도 받아들이지 못할 뿐이다. 복잡하고 어려워 보이지만 단순한 이런 삶의 순리를 받아들일 때, 현재 우리가 누리고 있는 모든 것이 더 소중하게 느껴질 것이다.

영원을 바라기보다 지금의 내 삶을 온전히 즐기는 것. 아프지 않길 바라기보다 하루빨리 회복되길 바라고, 외롭지 않길 바라기보다 외로움을 잘 지나 보내는 연습이 우리에겐 필요하다.

딸은 엄마 팔자를 닮는다는 말

 어릴 적 유난히도 불행한 일들을 많이 겪으며 주위 어른들로부터 팔자가 사납다는 말을 많이 들었다. 내 잘못도 아니고 부모님의 잘못도 아닌데 왜 그렇게 어린 나에게 비난의 말을 했는지 지금도 잘 모르겠다. 아마도 그때부터였던 것 같다. 어떻게든 내 인생은 절대 우리 엄마처럼 불행한 삶이 되도록 내버려 두지 않겠다고 다짐했던 것이. 우리 엄마는 나와 두 바퀴 돈 띠동갑이다. 그러니까 엄마는 24살에 나를 낳은 것이다. 그때 당시엔 일찍 결혼한 게 아닐 테지만, 지금으로 따지면 일찍 결혼한 편이다. 어쨌든 엄마는 한창 자신의 꿈을 키워나가야 할 나이에 두 아이의 엄마가 되었고, 몇 년 후 낯선 타국인 중국으로 가서 또 한 번의 결혼을 했다. 중국에서 엄마가 결혼식을 올렸는지 안 올렸는지는 잘 모른다. 내가 아는 사실은 엄마에겐 두 명의 남편과 세 명의 딸이 존재한다는 것뿐이다. 이렇게 말하고 보니 우리 엄마 인생이야말로 우여곡절이 많은 인생이라는 생각이 든다. 이젠 그 아픔의 시간을 모두 잊고 부디 동생과 행복한 시간을 보냈으면 하는 바람이다.

나는 엄마의 이런 인생을 닮고 싶지 않았다. 적어도 두 번의 결혼은 절대 하고 싶지 않았다. 누군가를 위해 희생하는 삶이 아닌 온전히 내 삶에 집중하는 삶을 살고 싶었다. 그렇게 마음속으로 다짐하며 지금까지 살다 보니 적어도 엄마와 같은 나이에 결혼하는 일은 없었다. 어릴 적부터 주변 어른들의 부정적인 말을 들으면서도 나는 흔들리지 않았다. 오히려 그 덕에 나를 더 소중하게 대할 수 있었고 나의 삶에 더 집중할 수 있게 되었다. 그래서 나는 위기의 순간을 기회로 만든다는 말을 믿는다. 어떤 태도로 그 위기를 극복하느냐에 따라 결과도 달라지니까. 결과적으로 나는 어릴 적 희망했던 나의 팔자를 바꾸는 데 성공했다. 물론 아직 완전한 성공이라고 볼 순 없지만 적어도 첫 단추는 잘 끼었다고 믿는다. 중간에 잘못 끼우는 순간이 찾아올 수도 있지만 그래도 괜찮다. 다시 잘 맞추면 되니까. 팔자가 사나워 아비 어미 다 잡아먹었다며 나를 비난하던 사람들. 부모 없다며 나를 놀리던 친구들. 솔직히 당시엔 밉고 싫었다. 하지만 이젠 그들이 고맙다. 덕분에 내 삶을 바꿀 수 있었고 소중하게 대할 수 있게 되었으니까.

세상의 잣대에 사람들의 편견에 흔들릴 필요 없다. 설령 내 삶이 남들이 말하는 대로 팔자가 사납고 우여곡절이 많다고 해도 내 삶은 의지만 있다면 충분히 바꿀 수 있다. 물론 세상엔 내 힘과 의지만으로 안 되는 것들도 분명히 존재한다. 하지만, 그만큼이나 내가 할 수 있는 것들도 많다. 그 의미는 내 삶도 내가 바꿔 갈 수 있다는 뜻이다. 가난하고 힘든 내 삶을 탓하고 주저앉기보다 그 상황을 잘 이겨내려는 자세가 필요하다. 세상엔 영원한 고통은 없으니까. 모든 것이 영원하지 않듯 나를 향한 사람들의 비난도 세상의 잣대도 한순간뿐일 테니까. 그 한순간의 아픔과 고통으로 내 삶 전체를 망치기엔 내 삶이 너무 소중하다는 걸 잊지 말아야 한다. 우리에겐 누구나 저마다의 때가 있다. 봄이 오면 꽃이 피듯 우리에게도 우리의 때에 맞춰 반드시 피어나는 시기가 찾아올 것이라고 믿는다.

온전히 나의 삶에 집중할 것

 얼마 전 집 정리를 하던 중 우연히 몇 년 전 한 선교사님이 내 생일에 써준 편지를 발견했다. 사실 편지라기보다 솔로몬의 잠언 내용에 짧은 글귀로 첨언을 해준 것이었다. 선물로 받았을 당시 하염없이 눈물을 흘렸던 기억이 났다. 그 작은 수첩 속 글귀에 나의 마음속 생각들이 들켰기 때문이었다. 선교사님이 써 준 내용 중에 "시기와 질투는 너에게 문제 되지 않는 것 같아. 그렇지?"라는 말이 있었는데 그 말이 참 공감됐다. 그래 맞아. 나는 남들과 비교하고 시기하고 질투하기보다 내 삶에 집중하고 있어. 그 모습이 남들 눈에도 보이는 것이야. 선교사님의 그 한마디에 다시 한번 나의 모습을 돌아볼 수 있었다.

지난날 평범하지 않은 시간을 보냈지만 절대 기죽거나 의기소침해하지 않는다. 그 모든 것이 내 삶보다는 중요하지 않기 때문이다. 누구보다 많은 시련을 겪어 온 나이기에 어떤 것에도 시기와 질투를 느끼지 않는다. 시기와 질투 그 끝엔 외로움과 괴로움만이 기다리고 있을 뿐이니까.

작은 수첩 속 짧은 글귀에 얄팍한 나의 마음을 완전히 간파당하고 말았다. 이 세상 누구도 나의 마음속 깊이 숨겨져 있는 아픔과 상처를 모를 것이라고 생각했던 오만한 내 생각이 세상 사람들에게 발가벗겨지는 느낌이었다. 그때 처음으로 하나님의 존재가 궁금해졌다. 하지만 옹졸한 나의 이해력으로는 도저히 하나님의 존재와 그분의 행하심이 이해되지 않았다. 그 결과 나는 지금까지도 하나님의 존재에 대해 의문을 가지고 있다. 하지만

한 가지 확실한 것은 세상에는 인간의 사고와 의지로 해결할 수 없는 영역들이 분명히 존재한다는 것이다. "너의 모든 것을 알고 있다."라는 솔로몬의 잠언 내용처럼 신은 우리의 모든 것을 알고 있을지도 모른다. 정작 우리 자신만 당장 1시간 후에 어떤 일이 일어날지 모르는 것일 뿐.

누구나 한 번쯤은 타인을 질투해본 적이 있을 것이다. 또한, 질투심 어린 마음에 그 상대의 단점을 꼬집으려 했던 적도 있을 것이다. 그러나 우리는 이 사실을 알아야 한다. 상대의 단점이 보인다는 것은 나에게도 단점이 있다는 것임을. 더 나아가 우리는 상대라는 거울을 통해 매일 나를 점검하고 보완해나가야 하는 미완성의 존재라는 사실도 잊지 말아야 한다. 우리는 광활한 우주 속에 존재하는 수많은 생명체 중에 아주 작은 먼지 같은 존재에 불과하니까. 작은 일에 분노하고 질투하기보단 너그러운 마음을 가지려 노력해야 한다. 한없이 작고 연약한 우리는 형태와 성질이 조금씩 다를 뿐 본질은 다 같은 인간이다. 그러니 부디, 비교하고 질투하지 말고 온전히 나의 삶에 집중하는 시간을 가져보길.

나의 오랜 친구에게

 작고 앙증맞은 체형에 찰랑거리는 긴 머리를 가진 너. 지금도 선명히 기억나. 어느 날 우연히 우리 동네로 이사와 나와 친구가 되어줬지. 항상 우리 집에 찾아와 나와 함께 우리 할머니 일손도 도와주고 기꺼이 나의 친구가 되어줬어. 요즘 따라 네가 더욱 그립고 보고 싶다. 별거 아닌 소꿉놀이에도 깔깔거리며 행복했었던 우리의 추억이 눈에 아른거려.

 무더운 여름의 어느 날 너희 집 앞 강가에서 물놀이 하던 중 내가 우연히 너의 양말 신은 모습을 봤었어. 그때만 해도 '여름인데 왜 양말을 신고 있지?'라며 가볍게 생각하고 넘겼어. 그리고 얼마 후 네가 먼저 말해줬지. 어렸을 적에 러시아에서 잠깐 살았는데 그때 발에 동상을 입어서 발가락을 잘랐다고. 그때 얼마나 고맙고 미안하던지. 나의 궁금증이 괜히 너의 아픈 마음을 건드린 것 같아서. 하지만 넌 오히려 고맙다며 이젠 아무렇지 않다고 말해줬어. 그 후로 우린 더 끈끈해졌지. 그렇게 너와 함께하는 일상이 참 행복했어. 우리 할머니가 치매에 걸리기 전까진 말이야. 고향을 떠나 중국으로 가기 전 편지 하나 써서 보내지 못한 게 참 후회가 돼. 지금도 그 생각만 하면 너에게 참 미안한 마음이 들어. 하지만 당시엔 아무에게도 중국으로 간다고 말할 수 없었어. 변명하자면 어쩔 수 없는 선택이었어.

지금 거긴 어때? 많은 것들이 바뀌었겠지? 가끔 너와 함께했던 추억들을 떠올릴 때마다 허전하고 공허한 마음을 떨칠 수가 없어. 그때의 철 없던 우리의 모습으로 딱 하루만 돌아갈 수 있다면 얼마나 좋을까. 그때 미처

다 전하지 못한 진심과 그동안 쌓인 이야기들을 전부 다 해줄 텐데…. 시간이 많이 지나서 다시 만나도 우린 금세 그때의 우리로 돌아갈 수 있을 거야. 가끔 어렸을 적 함께 공유했던 추억을 나눌 수 있는 친구가 없다는 현실에 슬프고 외롭기도 해. 그때마다 너와의 추억을 떠올리고 학창 시절 친구들과의 추억을 회상하곤 해. 그 추억이라도 있어서 얼마나 다행인지 몰라.

 사랑하는 내 친구 진주야. 넌 이름만 예쁜 게 아니고 마음도 참 예뻤어. 덕분에 가장 힘든 순간에 우정이라는 값진 선물을 받았어. 요즘 내 인생에 있어 가장 큰 행사를 준비하며 친구들과의 관계에 대해 한 번 더 생각하게 됐어. 가장 힘든 순간에 내 곁에 남아주는 사람이 진짜 내 사람이라고 하던데, 그 말이 딱 맞는 것 같아. 넌 나에게 그런 존재였어. 가장 힘든 순간, 아무에게도 의지할 곳 없었던 나에게 넌 버팀목이자 위로였어. 꼭 한 번 보고 싶어. 너의 앙증맞은 모습과 찰랑거리는 긴 생머리. 혹시라도 한국에 오게 된다면 꼭 나를 찾아줘. 늙은 너의 모습도 난 단숨에 알아볼 수 있을 것 같거든. 부디 다시 만나는 그날까지 건강하게 잘 지내고 있으렴. 내가 널 위해 해줄 수 있는 건 별일 없이 잘살고 있길 기도해주는 것뿐이야.

안녕, 내 친구. 다시 만나는 그날까지.

안녕, 나의 20대

　남들보다 시작은 느렸지만, 꿋꿋이 나만의 길을 선택한 나의 20대. 맨땅에 헤딩하듯 낯선 이곳 한국에서 모든 것을 혼자 해결하고 이겨내야만 했던 사회초년생이자 이방인. 배워야 할 것도 많고 모르는 것도 많았던 그 시절 나는 무작정 현실과 부딪히는 방법밖에 몰랐다. 누군가 알려주는 사람도 없었고 삶의 요령이 없어 넘어지기도 일쑤였다. 그럼에도 포기하지 않고 열정 하나로 버텼다. 어린 날의 패기로 꿈을 안고 앞만 보고 달리다 보니 어느덧 20대 후반이 되었고 어엿한 직장인이 되었다.

그 과정에서 상처도 많이 받고 소리 없이 울기도 많이 울었다. 때로는 상사의 감정 쓰레기통이 되는 것이 억울해서 울고, 때로는 나의 처지가 딱해서 울었다. 운다고 해결되는 것은 없었지만, 적어도 마음속의 응어리는 풀리는 느낌이었다.

어느새 나도 30대가 되었다. 30대가 되고 20대를 돌아보니 참 치열하게 살아왔다는 생각이 들었다. 누구보다 치열하게 살아온 나의 20대에게 참 애썼다고 말해주고 싶다. 사회초년생으로 살아오며 힘든 순간들이 많았음에도 지금까지 잘 버텨줘서 고맙다고. 청춘이라면 누구나 겪는 일이라고 모두가 그렇게 산다고 할지 몰라도 나는 그렇게 말하고 싶지 않다. 탈북민이라는 이유로 알게 모르게 차별 아닌 차별도 있었고, 동정 아닌 동정도 받으며 의기소침해진 순간들도 있었다. 순수한 마음에 나의 지난날을 솔직하게 이야기했다가 도리어 피해를 본 적도 있다. 사람 사는 곳은 어디나 그런 것 같다. 좋은 사람이 있으면 나쁜 사람도 있고 좋은 게 있으면 안 좋은 것도 있는 것. 그게 우리가 사는 세상이겠지. 어지럽고 힘든 세상이지만 그래도 아직 그 속에는 좋은 사람들이 있고 좋은 일들이 생기는 것을 보며 작은 희망을 안고 살아가려 한다. 진로의 고민도 있고, 생계의 문제도 있고, 가족도 지인도 없는 이곳에서 나만의 삶의 터전을 일궈간다는 것이 얼마나 힘들고 서러웠는지 모른다. 그래도 이젠 괜찮다. 한 사람 한 사람을 나의 사람으로 만들어가며 작지만, 아주 소중한 나의 정원을 만들었으니까. 덕분에 나에게도 사계절을 함께할 소중한 이들이 생겼다. 돌이켜 보면 나의 20대는 비교적 10대 때보다는 덜 흔들리는 시기였다. 때로는 외롭고 힘든 순간들도 있었지만, 그 순간마다 글을 쓰고 책을 읽으며 흔들리는 마음을 다스렸다.

가족들에게 돈을 보내줘야 하는 부담감에 잠깐이지만 쉽게 돈을 버는 방법을 생각한 적도 있었다. 하지만 그러지 않기로 했다. 가족도 중요했지만, 그 전에 나 자신도 소중했기에 나의 인생을 함부로 대하고 싶지 않았기 때문이다. 무엇보다 누구에게도 떳떳하지 않은 일은 더더욱 하고 싶지 않았다. 사실 사람이 궁지에 몰리면 이성적인 사고가 힘들어지고 시야도 좁아진다. 나 또한 그런 시기를 겪으며 깨닫게 되었다. 사람이 한순간에 나쁜 길로 빠질 수 있다는 사실을. 또한, 그럴 때일수록 냉철하고 이성적인 사고가 필요하다는 것을 느꼈다. 결국, 인생은 선택의 연속이고 어떤 선택을 하나에 따라 달라지니까. 지금도 떳떳하게 말할 수 있는 건 지금껏 살면서 해온 나의 선택에 한 번도 후회해본 적이 없다는 것이다. 적어도 내가 했던 선택에 후회가 없다면 꽤 괜찮은 인생이지 않을까. 한때는 외로움과 고통 속에 몸부림치던 시기도 있었지만, 그 시간들이 있었기에 지금의 내 삶이 더 온기 있음을 안다.

5월의 어느 날, 고즈넉한 한옥에서

 추적추적 내리는 봄비가 메마른 땅을 촉촉하게 적시는 5월의 어느 날. 경주에 있는 한옥 서점을 찾아갔다. 작고 고즈넉한 동네에 위치한 한옥 서점은 그 공간에 있는 것만으로도 마음의 여유가 생기는 느낌이었다. 차분한 팝송이 흘러나오고 책방지기와 함께 누렁이가 지키고 있는 한옥 서점은 참 정감 가는 곳이었다. 읽고 싶은 책을 구매하고 마치 한편의 액자 같은 창밖이 내다보이는 창가에 앉았다. 잠깐이었지만 그림 같은 풍경들을 보며 고향에서의 추억이 떠올라 마음이 몽글몽글한 순간이었다.

 특히, 한옥 처마의 모습을 보니 어렸을 적 처마 밑에 붙은 고드름이 생각났다. 장난감으로 갖고 놀기도 하고 사탕처럼 깨물어 먹기도 했던 옛 추억이 떠올랐다. 처마 밑에서 울리는 청량한 종소리는 바람에 딸랑딸랑 소리를 내며 이리저리 흔들렸다. 그 종소리를 듣고 있으니 마치 최면이라도 걸린 듯 지난 과거가 떠올랐다. 특히, 어렸을 적 행방불명됐던 엄마와 바다에 나갔다가 못 돌아온 아빠를 기다리던 순간이 떠올라 가슴이 먹먹해졌다. 가끔 공간이 추억을 떠올리게 해줄 때가 있다. 타임머신을 타기라도 한 듯 옛 기억을 떠올릴 수 있는 공간, 사물, 음식들을 통해 나만의 추억을 떠올려 보는 것. 그때의 나를 만나고 그때의 분위기를 느껴보는 것. 이 모든 것이 현재를 사는 우리가 과거를 여행할 수 있는 유일한 방법일지도 모르겠다.

 나에겐 아픔으로 얼룩졌던 날들이 훨씬 많다고 생각했는데 날이 가고 나이를 먹을수록 느끼는 건 그 아픔 속에도 반짝이고 소중했던 잊지 못할 추억들이 있었다는 사실이다. 아주 작아서 그때는 미처 발견하지 못했을 뿐. 그 소중한 추억들을 오랜 시간이 지난 오늘에서야 발견할 수 있었다. 그리고 그 추억들이 있었기에 그 아픈 날들을 버텨 낼 수 있었다.

 더 좋은 내일이 오길 바라며 오늘을 사는 것처럼, 때로는 지치고 힘든 순간이 찾아와도 이것 또한 시간이 지나면 추억이 될 것이라며 마음을 달래보길. 눈에 보이는 반짝임이 없어도 남들에게 보여줄 만한 대단한 결과가 없어도 괜찮다. 오늘을 살아내고 앞으로 나아간다는 사실이 중요하니까. 5월의 어느 날 찾은 고즈넉한 한옥 서점 덕분에 잠시였지만 소중한 나의 옛 추억을 느낄 수 있었다. 그 찰나의 순간이 나에겐 얼마나 큰 위안이 됐는지 모른다.

주인 없는 편지

  이 글은 10여 년 전 화대 큰이모네 아들이자 나를 참 많이 아껴주고 보살펴줬던 사촌오빠에 관한 글이다. 고등학교 졸업 후 바로 군 입대를 한다며 스님처럼 머리를 빡빡 밀고 온 사촌 오빠의 모습이 지금도 선명히 기억난다. 북한에서는 남자들이 고등학교를 졸업한 후 군대에 가는 것이 필수 과정이었다. 군대에 가서 당원이 되는 것이 명예로운 일이었기에 남자라면 누구나 그 길을 선택할 수밖에 없었다. 사촌오빠도 그런 이유로 군대에 입대했다. 오빠는 웃음이 많아 가끔은 좀 부족해 보일 때도 있었지만, 본인이 좋아하는 일을 열심히 하고 다정함이 넘치는 사람이었다. 오빠는 평소 전자제품 만드는 것을 좋아했다. 한번은 오빠가 집에서 무언가 계속 뚝딱거리며 만들고 있으니 큰이모부가 소란스럽다며 당장 다 집어치우라고 했다. 큰이모부의 꾸지람에도 오빠는 끝내 스피커 하나를 만들었다. 우드 소재로 만든 스피커였는데 모양만 좀 투박할 뿐 사용하는 데는 전혀 문제없었다. 심지어 소리도 잘 울렸다. 조금 과장해서 말하면 인터넷에서 파는 우드 스피커와 비슷하다고 해도 될 정도였다. 어쨌든 큰이모부는 그 스피커가 마음에 들지 않는다며 당장 내다 버리라고 했다. 그럼에도 오빠는 기어이 그걸 집안에 들여서 사용했다.

그 일이 있고 얼마 후 오빠가 군 입대를 하던 날. 온 가족이 함께 오빠를 배웅해주러 갔다. 북한은 군 복무 기간이 10년이기 때문에 입대할 때와 중간에 면회를 가지 않으면 제대할 때까지 볼 수 없다. 그래서 입대하는 날만큼은 온 가족이 나와서 배웅해준다. 입대하는 날 군 부대 앞은 말 그대로 인산인해였다. 누구라 할 것 없이 모두가 울음바다가 되는 날이기도 했다. 그 와중에 울지 않는 사람이 딱 한 명 있었는데 바로 큰이모부였다. 평소에도 말없이 조용한 큰이모부는 그날도 오빠에게 잘 다녀오라는 말 외에는 특별히 다른 말을 하지 않았다. 오빠의 입대를 배웅하고 집으로 돌아온 날 큰이모부는 아들의 재능을 너무 나무라기만 한 것 같아 미안했는지 한참을 말없이 스피커만 바라보셨다. 항상 허허 웃으며 조금은 모자라 보여도 늘 밝은 모습의 아들이었는데 갑자기 10년 동안 떨어져 지내야 한다는 생각에 마음이 복잡하신 것 같았다. 어쨌든 나도 그때 오빠를 본 것이 마지막이었다.

그리고 몇 년 전 알게 된 사실인데 10년 전에 군대 간 사촌오빠가 나에게 편지를 보내왔다고 했다. 내가 그곳에 없다는 사실도 모른 채 오빠는 나에게 편지를 쓴 것이다. 그 소식을 듣고 얼마나 미안하고 마음이 아팠는지 모른다. 힘든 군 생활 속에서도 잊지 않고 나에게 편지를 써준 마음이 참 고맙고 따뜻했다. 누구보다 다정하고 따뜻했던 오빠의 마음을 오랜만에 다시 느낄 수 있었다. 이젠 오빠를 볼 수도, 안부도 물을 수 없는 이 현실이 참 안타깝고 마음이 아프다. 오빠는 그런 사실도 모른 채 나를 생각하며 편지 썼을 텐데. 그렇게 오빠의 편지는 보낸 사람은 있지만, 받는 사람은 없는 주인 없는 편지가 되어버렸다. 이럴 때 소식을 전해주는 비둘기가 있다면 얼마나 좋을까. 멀리서도 잊지 않고 동생의 안부를 물어 준 사랑하는 오빠. 나 또한 그의 안부가 몹시 궁금하지만, 언젠가 다시 만날 날을 기다릴 뿐이다. 이젠 전역해서 어엿한 청년, 아니 어쩌면 누군가의 아빠, 남편이 돼 있을 우리 오빠. 부디 그때의 밝은 모습 그대로 건강하게만 지내주길. 비록 지금은 오빠의 편지를 받을 수 없지만, 편지를 써줬다는 사실 하나만으로도 나에겐 더없이 따뜻한 위로였다는 걸 알아주길. 지금은 주인 없는 편지이지만, 언젠간 꼭 그 편지를 볼 수 있는 날이 오길 간절히 바라본다.

짬뽕 한 그릇의 위로

 낙태 수술을 받을 당시 국정원 원장님께서 보호자로 함께 병원에 가주셨다. 일반적으로 국정원에서 조사만 받는다면 만날 수 없는 분이지만, 나는 특별한 경우라서 원장님을 만날 수 있었다. 당시 수술받았던 병원이 어디였는지는 기억나지 않는다. 어쨌든 병원에 도착하자 이미 이야기가 다 되어있었는지 바로 접수하고 수술실로 향했다. 원장님께서 나를 대신해서 수술동의서를 작성해주셨다. 원장님은 수술 잘 받고 나오라고 하셨다. 나는 처음 하는 수술이 무서웠지만, 마음을 굳게 먹고 수술실로 들어갔다. 수술실에 들어서자 수술 준비로 분주한 몇 명의 간호사와 수술 도구들이 가지런히 놓여있었다. 내가 수술대에 눕자 의사 선생님이 들어왔고 나는 이내 잠들었다. 눈을 떴을 땐 이미 수술이 끝나고 수술했던 병실과는 다른 병실 침대에 누워있었다. 어렴풋이 눈을 뜨고 몸을 뒤척이자 간호사가 와서 괜찮냐고 물었다. 말로는 괜찮다고 말했지만, 몸은 내가 알던 몸이 아니었다. 누군가 송곳으로 내 아랫배를 마구 찌르고 있는 듯한 통증이 밀려왔다. 마취가 풀릴수록 통증은 더욱 심해졌다. 하지만 언제까지 그 병실에 누워있을 수 없었기에 나는 얼른 일어나 나왔다. 원장님은 수술받느라 고생했다며 따뜻한 국물을 먹으러 가자고 했다. 먹고 싶은 게 있냐고 물었지만, 통증이 너무 심한 나는 딱히 생각나는 음식이 없다고 했다. 그러자 원장님은 중국집으로 나를 데려갔다. 따뜻한 국물을 먹어야 한다며 메뉴도 잘 모르는 나를 대신해 삼선짬뽕을 시켜줬다. 내 생에 첫 삼선짬뽕이었다. 처음 먹어보는 낯선 음식이었지만, 칼칼하고 시원한 국물이 입맛을 돌게 했다. 내가 밥을 다 먹어갈 때쯤 원장님이 조용히 말했다.

"마음 단단히 먹고 살아. 앞으로 엄마 얼굴 못 보고 살 수도 있으니까. 공부 열심히 하고."
"네…."

원장님의 걱정 어린 말에 나는 마음속에 억누르고 있던 외로움과 슬픔이 목구멍까지 차올랐다. 당장이라도 왈칵 눈물로 쏟아질 것 같았다. 하지만, 그 자리에서 눈물이 터지면 걷잡을 수 없을 것 같아 애써 짬뽕 면과 함께 삼켜버렸다. 내 생의 첫 수술을 원장님이 보호자로 함께해주셔서 덜 외롭고 무서웠다. 그리고 처음 맛보는 칼칼하고 따뜻한 삼선짬뽕은 나에게 잊지 못 할 추억의 음식이 되었다.

낙태 수술을 마치고 독방으로 돌아온 다음 날부터는 나만 따로 미역국을 먹었다. 발 없는 말이 천 리를 간다더니 어느새 나의 수술 사실이 사람들 입방아에 오르내렸다. 나는 사람들의 수군거림에도 아랑곳하지 않았다. 독방으로 다시 가겠다고 했을 때부터 나는 사람들의 화젯거리가 됐다. 그곳에서는 누구도 독방에 다시 돌아가고 싶어 하지 않았으니까. 수술을 받고 독방에 혼자 있는 내가 걱정되었는지 수술하고 다음 날부터 원장님이 직접 찾아오셨다. 나의 상태를 물어보면서 사회 나가면 꼭 공부하라며 격려의 말씀도 해주셨다. 그리곤 오실 때마다 항상 초콜릿을 사다 주셨다. 그리고 독방에서 무료한 시간을 보내는 나를 위해 도서관에 데려가 책을 빌려서 읽을 수 있도록 해주셨다. 국정원에서 나는 관심 병사와도 같은 존재였다. 덕분에 그곳에서 책도 읽을 수 있었고, 난생처음 영어사전으로 영어 공부도 해봤다. 원장님이 영어사전을 빌려다 주면서 영어 발음 기호가 있으니 이거 보면서 혼자 공부해보라고 하셨다. 영어사전을 보며 영어를 읽어주시는 원장님의 모습이 얼마나 멋있던지. 그래서 나도 공부 열심히 해서 언젠가 원장님처럼 영어를 잘하는 사람이 되리라고 마음먹었다. 나처럼 특별한 경우가 아니라면 원장님을 만날 수도 만날 이유도 없다. 내가 특별히 관심 대상이었기에 원장님을 만날 수 있었다. 짧은 시간이었지만, 나를 위해 여러 가지로 도움을 많이 주신 원장님께 이 글을 빌려 감사의 말을 전한다.

돌이켜보면 목숨은 건졌다고 안도의 한숨을 내쉬려 했을 때 나에겐 임신이라는 최악의 현실이 기다리고 있었다. 도대체 얼마나 더 많은 아픔과 고통을 견뎌야 이 지옥 같은 삶에서 탈출할 수 있을지 견디고 견뎌내도 끝이 없는 현실에 모든 것을 포기하고 싶었다. 당시에는 정말 내 뜻대로 되는 것들이 하나도 없었다. 국정원에서 조사 당시 성폭력으로 생긴 아이가 맞냐며 몇 번이고 재확인하는 조사관 앞에서 내가 할 수 있는 건 눈물로 호소하는 것뿐이었다. 만약, 낙태를 못 한다면 나는 살 이유가 없다고. 그리고 엄마의 얼굴도 볼 수 없다고 말이다.

 수술 후 국정원 원장님께서 사주신 따뜻한 짬뽕 한 그릇이 나에겐 얼마나 큰 위안이 됐는지 모른다. 그동안 외로움과 슬픔에 억눌려 있던 나에게 마음 단단히 먹고 살아가라며 말씀하시던 원장님의 말씀이 공부하기로 마음먹는 데 많은 도움이 되었다. 또한, 원장님 덕분에 때로는 말 한마디, 음식 한 그릇의 위로가 얼마나 큰 힘이 되는지를 알게 되었다. 삼선짬뽕은 그렇게 나에게 특별한 음식이 되었고 지금도 나는 삼선짬뽕을 즐겨 먹는다.

이상한 이웃

지금의 집에 입주하고 며칠이 지난 어느 날이었다. 현관문을 열어놓고 집 청소를 하고 있던 나에게 한 아주머니가 와서 물었다.

"젊은 사람이 어떻게 여기 들어왔어?"
"아, 저요?"

가볍게 웃어넘기려 했으나 아주머니는 본인의 궁금증이 풀릴 때까지 집요하게 질문했다.

"젊은 사람이 이런 데 들어오기 어려울 텐데…."

"저 새터민이라 정부에서 임대 아파트 알선해줘서 들어왔어요."

"아, 그렇구나. 고생 많았겠네. 혹시라도 모르거나 필요한 거 있으면 편하게 이야기해요."

아주머니는 궁금증이 풀려서인지 갑자기 격하게 반겨주며 앞으로 필요한 거나 궁금한 거 있으면 언제든지 이야기하라고 했다. 감사하다는 인사를 끝으로 아주머니와의 대화를 마쳤다.

그로부터 몇 달 후 적적한 마음에 강아지 한 마리를 입양했다. 털이 뽀글뽀글한 하얀색 포메라니안이었다. 하얀색 솜뭉치에 검은색 단추를 박아놓은 인형처럼 귀엽고 앙증맞은 나의 첫 반려견이었다. 뽀글뽀글한 털이 귀여워 이름은 뽕이라고 지어줬다. 뽕이를 입양하고 얼마 지나지 않아 이사했을 때 반갑게 인사해주던 아주머니로부터 강아지가 너무 짖어서 시끄럽다는 민원이 들어왔다. 처음엔 강아지 때문에 시끄러울 수도 있다고 생각해서 정중하게 사과드렸다. 그럼에도 계속해서 민원을 제기하는 아주머니 때문에 어쩔 수 없이 뽕이를 가족이 있는 집으로 입양 보냈다. 다행히 대가족이 사는 집에서 입양해주셔서 큰 걱정 없이 보낼 수 있었다. 물론, 지금도 뽕이에게는 미안한 마음이 크다. 내가 조금 더 안정적이고 키울 수 있는 환경에서 입양했으면 좋았을 텐데. 외롭고 적적한 마음으로, 준비가 안 된 상태에서 입양한 것 같아서 마음이 아프다. 어쨌든 뽕이를 입양 보낸 후에도 아주머니의 이유 없는 민원은 계속됐다. 주 내용은 우리 집에 관한 것이었고, 급기야는 집에 누가 오는지 여기 법을 어기면 어떻게 되는지 아느냐 등 말도 안 되는 협박을 해왔다. 말 그대로 이유 없는 괴롭힘이 시작된 것이다. 그때 생각했다. 이 사람은 어쩌면 처음부터 강아지가 문제가 아니었을 수도 있겠다는 것을. 애초에 강아지가 시끄러워서 민원을 제기했던 것이라면 뽕이가 입양 간 후에는 더 이상의 민원을 제기할 이유가 없는 것이었다. 하지만, 뽕이를 입양 보낸 후에도 아주머니의 괴롭힘은 날로 더 심해졌다. 뭐 때문에 그렇게 괴롭혔는지 지금도 그 이유는 알 수가 없다.

당시 대안학교에 다닐 때 함께 공부했던 언니가 대학교 방학 동안 잠깐 우리 집에 머물게 되었던 적이 있었다. 아주머니는 그와 관련해서도 시비를 걸어왔다. 이 집이 누구 명의로 되어있는데 마음대로 사람을 집에 들이냐, 여기 법이 얼마나 무서운지 아느냐, 벌금 못 내면 감옥 갈 수도 있다는 등 말도 안 되는 내용으로 나를 협박했다. 나중에는 함께 지내던 언니도 스트레스받아서 자기가 빨리 이 집에서 나가겠다고 했다. 우리 집을 감시하는 것도 모자라 어떤 날은 현관문을 쾅쾅 두드리거나 야밤에 창문을 통해 소리치기도 했다. 나와 언니는 말도 안 통하고 비상식적인 그 아주머니 때문에 한동안 얼마나 힘들었는지 모른다. 할 일이 없는지 하루 종일 우리 집에 오가는 사람들까지 감시하기도 했다. 그 모습에 화가 나기도 하고 한편으로는 한심하다는 생각도 들었다. 그렇게 아주머니의 이유 없는 지속적인 괴롭힘에 지친 나는 담당 형사님께 이 사실을 말씀드렸다. 하지만 형사님은 증거가 없으면 할 수 있는 게 없다고 했다. 정신적으로 이렇게 고통을 받고 있는데 증거가 없어서 처벌할 수 없다는 현실에 또 한 번 상처를 받았다. 조금 더 적극

적으로 상황을 해결해 줄 방법은 없었던 걸까. 할 수 있는 게 아무것도 없다는 현실에 답답하고 속상했다. 처음 이사 왔을 때 반갑게 인사해주던 아주머니는 더 이상 나에게 좋은 사람이 아니었다. 혹여나 같은 엘리베이터를 탄 날은 나를 겁주기 위해 말도 안 되는 연기까지 했다.

"여보세요? 어 나야. 너 저기 법원에 아는 사람 있지? 있잖아, 그 사람."
"…"

이뿐만이 아니다. 복도에서나 엘리베이터에 혼자 있다가도 내가 나타나면 갑자기 핸드폰을 귀에 갖다 대면서 통화하는 척 연기했다. 통화 내용은 늘 그렇듯 나를 겁주기 위한 내용이었다. 그런 아주머니를 보면서 처음에는 너무 화났지만, 나중에는 안타깝고 불쌍한 마음이 들었다. 내가 뭐라고 저렇게까지 애쓰는지. 솔직히 지금도 뭐 때문에 나를 그토록 미워하고 괴롭혔는지 모르겠다. 짐작하건대 내가 새터민이라는 이유로 임대 아파트에 사는 것이 못마땅했던 것 같다. 그것 말고는 아무리 생각해도 나를 괴롭힐 이유가 없다. 나는 성격상 누군가에게 피해를 주는 사람이 아닐뿐더러, 그 아주머니에게는 더더욱 잘못한 게 없었다. 그렇게 아주머니의 이상한 연기는 몇 달 동안 계속되었다.

 나에게 호의를 베풀어주는 것 같아 나에 대해 솔직하게 이야기했지만 돌아오는 건 알 수 없는 비난과 괴롭힘이었다. 내가 살면서 만나게 될 모든 사람이 다 좋은 사람일 수는 없다는 걸 그때 또 한 번 느꼈다. 물론 나를 괴롭힌 아주머니는 아주 예외적으로 무례하고 이상한 사람이었다고 생각한다. 어딜 가나 좋은 사람, 나쁜 사람이 있기 마련이니까. 나는 그 일로 한동안 고통스러운 시간을 보냈다. 무엇보다 정신적 고통이 심했다. 당시에는 혹시라도 그 아주머니와 마주치기라도 할까 봐 걱정하는 날도 많았다. 두려워서가 아니라 얼굴 보는 것조차 힘들었기 때문이다. 하지만 이젠 그런 마음조차 없다.

 내 인생에 크게 영향을 미치지도 않을 스치듯 지나가

는 사람 때문에 나 자신이 흔들리는 게 싫었다. 당시에는 힘들었지만, 시간이 지나고 돌이켜보니 그 일도 별일 아닌 게 됐고, 나에겐 또 다른 배움의 시간이었다는 생각이 들었다. 무엇보다 무례한 그 아주머니 덕분에 좀 더 마음이 단단해졌으니 그것으로 되었다.

보금자리

한국에서 맨땅에 헤딩하듯 정착하던 때가 어제 일처럼 지금도 생생하다. 백지장에 점 하나 찍어놓고 집을 그려나가는 것과도 같은 인생이었는데 오히려 그 작은 점 하나가 내겐 스스로 내 삶을 채워나갈 수 있는 원동력이 되어주었다. 검정고시로 중, 고등학교 학력 인정을 받고 대학을 졸업하고 취업까지 성공했으니 말이다. 누구나 누리는 이토록 평범한 삶조차도 나에겐 어려웠던 시기가 있었다. 참 다행인 건 외톨이라고 생각하며 살던 힘든 순간마다 늘 나를 잡아주는 분들이 있었다는 것이다. 그중에는 지인도 있고 친구도 있다. 내가 이 자리까지 올 수 있었던 것은 내가 노력했기 때문이기도 하지만, 나약한 한 인간이 삶을 포기하지 않도록 도와준 주위의 고마운 분들의 도움이 있었기 때문이기도 하다.

 무엇보다 항상 가족에 대한 결핍이 있는 나에게 가족이라는 울타리가 생겼다. 지금의 반려자와 5년이라는 긴 시간 연애를 하면서 별것 아닌 일로 싸우기도 하고 웃기도 하며 서로에 대한 믿음과 신뢰가 생겼다. 그 믿음과 확신으로 결혼까지 할 수 있었다. 새삼 요즘 "이런 게 행복이구나."라는 감정을 느낀다. 사소하지만 둘이 함께하는 일상. 특히, 퇴근 후 밝은 불빛으로 밝혀져 있는 집을 보면 마음에 안정이 찾아온다. 결혼 전에는 항상 캄캄한 집으로 들어가 불을 켜야 했었는데 덕분에 현관 불이 꺼지기 전에 얼른 방으로 뛰어 들어가는 일도 없어졌다.
 결혼 전에는 혼자여서 편한 것도 있었지만, 그 못지않게 외롭고 쓸쓸하기도 했다. 하지만, 결혼 후 따뜻하고 포근한 일상을 맞이할 수 있게 되었다. 특별한 무언가를 하지 않아도 사랑하는 이와 함께하는 모든 순간이 참 소중하고 행복하다. 때로는 서로의 사소한 의견 차이로 얼굴 붉힐 때도 있지만, 그것마저도 얼마 지나면 금방 풀리는 사이가 되었다.

  함께 밥 먹을 수 있는 사람이 있어 발걸음을 재촉하게 되는 퇴근길. 가끔은 일정하지 않은 기분에 따라 삶의 온도가 바뀔 때도 있지만, 내 편이 되어줄 사랑하는 이가 있고 또 그와 함께할 나만의 보금자리가 있음에 참 감사하다. 하루에도 몇 번씩 냉탕과 온탕을 오가는 날도 있다. 마치 사춘기라도 온 듯 누군가의 말 한마디에 화가 나기도 하고 또 별것 아닌 칭찬에도 금세 미소가 번지기도 한다. 매일 반복되는 일상에 나태한 마음이 들 때도 있지만 그럴 때면 내 편이 되어줄 소중한 이들이 있다는 사실과 일상의 행복이 있음을 되새겨 보곤 한다.

  어쩌면 하루하루를 잘 살아내고 있는 것 자체가 삶의 의미인지도 모르겠다. 때로는 지루하게 느껴질지언정 그 하루들이 모여 내 인생이 되는 거니까. 오늘이 어제가 되는 급변하는 세월 속에서 지난 과거를 돌아봤을 때 내가 했던 선택에 대한 후회가 없는 삶이라면 충분하지 않을까. 적어도 현재는 사랑하는 사람과 함께하고 있으니 말이다. 사랑하는 이와 함께하는 일상, 내가 좋아하는 것을 누리며 사는 것. 이것만으로도 나는 충분히 행복하다.

결혼식 날

 2023년 6월의 어느 날. 늘 꿈만 꾸었지, 제대로 상상해본 적 없는 결혼식을 올렸다. 대학교 마지막 학기 때 취업계를 내고 웨딩컨벤션에서 잠시 인턴 피디로 일한 적이 있었는데 그때 고객들의 결혼식을 보며 얼마나 많이 울었는지 모른다. 내 결혼식도 아닌데 왜 그렇게 눈물이 났는지. 내 결혼식 때는 절대 울지 말자고 다짐했지만, 지킬 수 없는 약속이었다. 다행인 건 생각보다 많이 울지 않았다는 것이다. 수도꼭지처럼 터지지 않은 게 얼마나 다행이었는지 모른다. 사실 대학교 단짝 친구의 축사가 있을 때까지만 해도 잘 참았다. 하지만, 양가 부모님께 인사드리는 순간이 오자 애써 참고 있던 눈물이 터져버리고 말았다. 남편과 함께 동시 입장하며 아빠의 빈자리를 대신했고, 친한 선교사님이 엄마의 빈자리를 채워줬다. 이 글을 빌려 선교사님에게 감사의 말을 전한다. 사실 결혼 준비하면서 여러 가지 신경 쓸 일도 많고 괜히 예민해지기도 했다. 결혼식이 끝나고 보니 다 별것 아닌 일이었는데 말이다.

비록 부모님은 안 계셨지만, 많은 사람의 축복 속에서 일생에 단 한 번뿐인 결혼식을 잘 치렀다. 누구나 살면서 한 번은 경험하는 특별한 날. 대부분 결혼식 날은 신부를 일컬어 눈부신 신부라는 표현을 쓰지만, 난 그 어느 때보다 눈부시고 행복했던 하루였다고 말하고 싶다. 사실 내가 결혼하는 날을 꿈꿔 본 적이 별로 없다. 어릴 적 내가 경험한 가족의 모습은 따뜻하고 화목하기보다는 폭력과 가난으로 고통스러웠던 모습이었기 때문이다. 무엇보다 술만 마시면 습관처럼 나오는 아빠의 잦은 폭력으로 인해 일찍이 화목한 가족에 대한 환상이 없었다. 그때까지만 해도 나에게 가족이란 합법적인 규칙 안에서 물리적인 힘을 가진 누군가가 힘없는 누군가에게 폭력을 행사할 수 있는 흑백의 유토피아 같은 곳이었으니까. 그렇게 어린 나와 동생은 원하지 않는 흑백의 유토피아에서 살아야만 했다.

하지만 난 스스로 그곳에서 벗어나 살길을 찾았고 그 결과 소중한 내 가족을 꾸릴 수 있게 되었다. 결혼 후 연애 때와 달라진 건 많이 없다. 다만 '가족'이라는 이름 아래 서로 더 끈끈한 사이가 되었다는 것뿐. 연애 때는 언제든 헤어질 수 있는 관계라는 전제가 있었다면, 결혼 후엔 그 전제가 더 옅어졌다고나 할까. 물론 결혼 후에도 헤어질 수는 있다. 하지만 적어도 서로에 대한 신뢰와 믿음이 연애 때보다는 쉽게 깨지지는 않을 것이다. 서로 다른 환경에서 태어나 자라온 사람 둘이 만나 결혼생활을 한다는 건 작은 소행성이 만나 큰 행성을 이뤄가는 과정과도 같다. 그만큼 서로 가치관도, 신념도, 생각도 모두 다른 두 사람이 만나 평생을 함께 살아간다는 것은 어려운 일이다. 그렇기에 나에게 찾아온 이 기적과도 같은 결혼생활을 누구보다 충실하게 잘 해내고 싶다. 나에겐 또 한 번의 새로운 인생인 결혼생활. 앞으로 어떤 과정들이 기다리고 있을진 모르겠지만, 누구보다 행복하고 즐겁게 보내고 싶다. 그리고 언젠가 고향에 남아 있는 우리 가족과 함께 따스한 햇살 아래 모여 앉아 도란도란 이야기 나눌 그날이 오길 그려본다.

신혼여행

 신혼여행은 어릴 적부터 꿈의 여행지였던 유럽으로 갔다. 유럽 중에서도 특히, 어렸을 적부터 가보고 싶었던 구두 모양의 이탈리아와 스페인으로 갔다. 가고 싶은 곳을 갈 수 있는 것. 원하면 어디든 자유롭게 갈 수 있다는 사실에 새삼 감사한 마음이 들었다. 고향에서는 친척 집에 가려고 해도 증명서(그곳으로 가는 이유와 목적을 밝히는 것)가 필요했었으니까. 우린 결혼식이 끝난 다음 날 바로 공항으로 갔다. 약 10시간이 넘는 장시간의 비행을 마치고 스페인에 도착했다. 2주간의 여행 일정에 마냥 설렜던 당시의 순간이 지금도 생생하다. 어릴 적 코가 높은 서양인은 모두 나쁜 사람이라며 세뇌 교육을 받았던 사람들 사이에 내가 있다는 사실이 신기했다. 나와는 다른 언어를 쓰는 그들의 삶과 문화가 궁금했다. 그리고 그곳에서 경험하게 될 여행도 기대됐다. 설렘을 가득 안고 시작한 첫 여행지는 스페인 바르셀로나였다. 늘 그렇듯 설레는 마음 한구석엔 가족들에 대한 미안함이 자리 잡곤 하는데 신혼여행 때도 그랬다. 특히 이탈리아에서 기차 타고 다른 도시로 이동할 때 기차 창밖으로 빠르게 스쳐 가는 넓은 초원을 보니 고향에 있는 가족들 생각이 많이 났다. 우리 엄마와 동생도 이런 여행의 자유와 행복을 느껴보면 얼마나 좋을까. 지금 달리는 이 기차가 고향에 있는 가족들에게 날 데려다주면 얼마나 좋을까. 그럴 수 없다는 걸 잘 알지만, 잠시 그런 상상을 해봤다. 현실에선 이뤄질 수 없는 일이니까. 적어도 현재는.

  2주간의 신혼여행은 내 삶에서 또 하나의 잊지 못할 소중한 추억으로 남았다. 매일 아침 내가 좋아하는 브런치를 한가로이 먹을 수 있었고, 사랑하는 남편과 함께 도시의 구석구석을 둘러보며 행복하고 소중한 시간을 보냈다. 무엇보다 매일 아침 알람 소리에 놀라 허우적대던 일상에서 잠시나마 해방되는 순간이었다. 이 행복하고 즐거운 여행을 우리 가족도 누릴 수 있는 날이 오면 참 좋을 텐데. 어디든 원하면 갈 수 있는 자유로움. 온 가족이 다 함께 휴양지로 가서 근사한 저녁을 먹으며 아름다운 석양을 볼 수 있는 그런 날이 하루빨리 왔으면 좋겠다. 남과 북이 왕래하는 날이 올진 모르겠지만 만약 그런 날이 온다면 나의 유년 시절의 추억이 깃든 내 고향 청진에 가장 먼저 가보고 싶다.

몇 시간이면 갈 수 있는 곳에 살고 있지만, 어쩌면 죽을 때까지도 못 만날지 모르는 그리운 우리 가족. 다음 여행은 내 고향 청진으로 갈 수 있었으면 좋겠다.

가족사진

 나에게 소원이 있냐고 묻는다면 내 고향 청진에 가보고 싶은 것, 그리고 가족사진을 찍는 것이라고 말하고 싶다. 예상치 못하게 가족들과 이별하면서 가족사진이 하나도 없기 때문이다. 시간이 지날수록 사진이 참 소중하다는 걸 느낀다. 사실 한국으로 오기 전까진 매일매일이 불안하고 위험한 삶이었다. 그래서 가족사진에 대해 생각할 여유가 없었다. 하지만 한국에 입국 후 점차 삶이 안정되어가면서 가족들의 모습이 내 머릿속에서 점점 희미해져 간다는 사실을 깨달았다. 애써 기억해봐도 보일 듯 말 듯 희미하게 그려지는 실루엣 같은 모습이 전부였다. 그래서 요즘은 가능한 사진을 많이 찍으려고 노력 중이다. 지금의 내 모습도 시간이 지나면 나는 볼 수 없을 테니까. 가족들의 모습이 내 기억 속에서 점점 흐릿해져 가는 것이 속상하고 마음이 아프지만, 현재 내가 할 수 있는 건 아무것도 없다. 엄마와 동생은 어쩌면 아주 많은 시간이 흐른 뒤 볼 수도 있겠지만, 이미 세상을 떠난 우리 아빠의 모습은 시간이 흘러도 볼 수 없으니까. 가능하다면 AI 기술을 빌려서라도 아빠의 얼굴을 보고 싶은 마음이 간절하다. 그래서 언젠가 우리 가족이 다 함께 가족사진을 찍는 날이 오면 좋겠다고 상상하곤 한다. 어쩌면 평생 이룰 수 없는 소원일 수도 있지만, 그래도 포기하고 싶진 않다. 간절히 원하면 이뤄진다는 말도 있으니까.

누군가에겐 별것 아닐 수도 있지만, 가족을 만날 수 없는 나에게 가족사진은 정말 소중한 보물과도 같다. 사진 한 장으로 가족과의 추억을 느껴 볼 수 있으니까. 사진은 단지 사진에만 그치는 것이 아니다. 그때의 분위기와 공기, 감정 등 그 순간의 모든 것을 잠시 멈춰놓은 타임머신과도 같다. 그 순간의 감정과 분위기 기분 등 그때의 모든 것을 다시 느낄 수 있도록 그 순간으로 나를 데려가 주기도 한다. 현재의 시간을 사진이라는 캡슐에 담아두는 것. 사진 한 장에 그리움을 담고, 짧고 소중했던 우리 가족의 모습을 그려본다. 오늘도 난 내 기억 속 가족들의 희미한 조각들을 찾아 헤맨다. 가족과 함께한 기억이 많지 않아 조각조각이지만 그래도 찾아볼 조각이 있다는 사실에 감사하며 스스로를 위로해본다. 적어도 내가 살아있는 한 가족들의 모습은 내 기억 속에 존재할 테니까.

사진 한 장에 추억과 그리움을 담고. 그리워하고 기억해야 할 존재가 있다는 것이 얼마나 소중하고 감사한 일인지 새삼 느낀다. 지금 이 순간 보고 듣고 느끼는 이 모든 것들을 사진으로 한 장으로 남겨보는 것. 언젠가 모두 소멸될 우리의 모습을 기록으로 남기는 것은 살아있는 동안 우리가 할 수 있는 유일한 기쁨이자 특권이 아닐까. 기쁨, 슬픔, 고통, 외로움, 불행, 행운, 이 모든 감정들을 사진 한 장에 담아둘 수 있다면 그것만으로도 큰 행운이라고 나는 생각한다.

등잔 밑이 어두운 법

"소원 씨는 나중에 큰 사람이 될 거야."

지금으로부터 약 10여 년 전 태국 교도소에 있을 때 한 여자분이 나에게 해준 말이다. 그분은 나의 어떤 점을 보고 저런 말을 한 걸까. 나도 모르는 나의 잠재력을 봤던 걸까. 하지만 나는 그분의 말을 귀 기울여 듣지 않았다. 그런 나와는 달리 당시 교도소에 있던 다른 사람들은 그분에게 자신의 미래에 대해 많이 물어보았다. 보통 사람은 자신의 의지로 해결할 수 없는 일들을 마주하면

미신이나 신앙심에 기대곤 한다. 그래서였을까. 교도소에 있는 사람들은 신점을 보는 그 여자분에게 자신의 미래를 봐달라며 줄을 섰다. 지푸라기라도 잡는 심정이었을 것이다. 언제 어디로 갈지 모르는 불안한 자신들의 미래를 어떻게든 알아보고 싶었을 것이다.

  돌이켜보면 그분은 나에게서 어떤 가능성을 봤던 것이 분명하다. 물론 아직 그렇다 할 만한 큰 성과가 있거나 큰 사람이 되진 못했지만, 적어도 내가 좋아하는 일을 좇아 책을 내고 작가로서 성장 중이니까. 그분이 말한 큰 사람이 되어가는 과정에 있는 것이라고 믿는다. 앞으로 또 어떤 일을 할지는 아직 잘 모르겠지만, 뭔가를 할 수 있다는 부푼 기대감과 자신감으로 살아가고 있다. 등잔 밑이 어둡다는 말처럼 우리는 때때로 우리의 재능과 잠재력을 스스로는 발견하지 못하는 경우가 있다. 그래서 타인의 존재가 소중한 건지도 모르겠다. 내가 보지 못하는 부분을 타인을 볼 수 있으니까.

  아직은 살아갈 날이 훨씬 많은 나의 인생이 앞으로 어

떤 방향으로 흘러갈지 지금 당장은 알 수 없지만, 적어도 신세 한탄하며 살진 않을 것이라는 건 확실하다. 내가 이렇게 확신하는 이유는 절대 나는 내 삶이 그렇게 되도록 내버려 두지 않을 자신이 있기 때문이다. 짧다면 짧은 30여 년의 인생을 살아오며 많은 시행착오를 겪었고 그 속에서 난 삶의 지혜를 배웠다.

때로는 누군가의 말 한마디가 삶의 원동력이 되는 순간도 있다. 어쩌면 우리는 자신의 등잔 밑의 어둠을 발견해주고 비춰주는 타인이 있기에 부족해도 잘 살아가는 건지도 모르겠다. 오래전 누군가 내게 그랬던 것처럼, 오늘은 내가 주위 사람들의 등잔 밑을 밝혀주는 불빛이 되어보기로 한다. 서로가 서로의 등잔 밑을 밝혀주며 성장해가는 것. 불편한 관심 대신 따뜻한 관심을 보일 때 우리 삶은 한층 더 의미 있고 가치 있을 것이다.

그럼에도 사랑과 희망이 있기에

　누구도 자신의 미래를 알 수 없다. 나 또한, 내 삶이 이토록 아프고 힘겨울 거라곤 전혀 예상하지 못했다. 누군가는 평생을 살아도 다 겪지 못할 일들을 나는 청소년 시절에 다 겪었으니 말이다. 신이 계신다면 묻고 싶은 순간도 많았다. 왜 하필 나에게 이렇게 힘든 시련을 주시는지, 이게 만약 나에게 주는 시험이라면 이제 그만 하라고 말이다. 과연 내가 어떤 잘못을 했길래 이런 고통을 주는지 도저히 이해할 수 없었다. 누군가는 부모를 잡아먹은 팔자 사나운 년이라며 손가락질하고 또 누군가는 부모 없는 아이라고 손가락질하는 것이 일상이었던 나의 유년 시절과 청소년기는 고통과 외로움으로 얼룩진 시간이었다. 그 순간 나에겐 그 어떤 사랑과 희망도 없었다. 그저 매일매일이 고통의 연속이었고 삶의 시련이었고, 이 세상에 내 편은 아무도 없는 것 같았다. 하지만 돌이켜보니 그토록 아픈 고통과 외로움은 오히려 나를 더 단단하게 만들어주는 계기가 되었다. 남들보다 일찍 인생 공부를 한다고 마음을 바꾸니 그 모든 아픔과 상처들을 내 삶의 일부로 받아들일 수 있었다. 그렇게 지난날의 경험들은 내 삶에 있어서 정말 큰 자산으로 남았다. 덕분에 이제 나에게 어떤 일이 닥쳐도 의연하게 대처할 수 있는 삶의 여유가 생겼다.

우리의 삶엔 선택할 수 없는 두 가지가 있다. 바로, '탄생'과 '죽음'이다. 이 세상 누구도 나의 뜻대로 태어난 사람은 없을 것이다. 그리고 태어난 이상 죽음은 피할 수 없는 숙명이라는 사실도 모두가 안다. 그 죽음의 시기 또한 우리는 알 수 없다. 찬란한 청춘을 온전히 누리는 사람이 있는가 하면, 그 시절을 죽음으로 마무리하는 사람도 있다. 다만, 삶의 시작과 끝은 내가 정할 수 없을진 몰라도 살아가는 동안 어떻게 살아갈지는 오롯이 내 의지에 달려있다. 즉, 나의 삶을 채워나가는 것은 온전히 나의 몫이라는 것이다.

 누구에게나 저마다의 굴곡진 시간이 있을 것이다. 그 시간 속에서 때로는 절망도 하고 실패도 할 것이다. 그런 순간마다 이렇게 생각해보면 좋겠다. 힘든 삶이지만, 그 과정에도 여전히 희망은 존재하고 사랑하는 사람들이 함께하고 있다고. 힘든 순간에 낙천적으로 생각하기란 쉽지 않음을 누구보다 잘 안다. 하지만 수없이 많은 아픔을 겪으며 내가 느낀 건 끝날 것 같지 않던 고통과 아픔의 시간도 언젠간 끝나고, 그 아픔 뒤에는 희망이 존재한다는 것이다. 내가 힘든 여정을 잘 견뎌낼 수 있었던 것은 나를 아껴준 소중한 사람들이 있었고, 삶에 대한 희망이 있었기 때문이었다.

누구보다 나를 사랑하기로

 솔직히 말하면 나도 나 자신을 사랑하지 못했던 시간이 있었다. 내가 괴물이라고 표현한 그들로부터 나의 순정을 빼앗긴 그 순간에는 나 자신을 사랑할 수 없었다. 그들이 가하는 물리적인 힘 앞에 내가 할 수 있는 건 아무것도 없었으니까. 무기력한 나 자신이 초라하게만 느껴졌기에 그런 나를 나는 사랑할 수 없었다. 그래서 한동안 나는 스스로에게 벌을 줬다. 이토록 수치스러운 일을 누구에게 하소연하겠냐며 스스로에게 매정하게 굴었다. 그렇게 나는 매일을 눈물로 보냈다. 한참을 우울의 늪에서 보내던 어느 날 개울가에 비친 내 모습을 봤다. 눈에는 힘이 없었고 얼굴엔 핏기 하나 없어 마치 죽지 못해 살아가는 산송장 같았다. 불쌍하고 안쓰러웠다. 그런 나의 모습과는 반대로 세상 사람들은 참 행복해 보였다. 그때 생각했다. 내가 나를 죽음으로 내몰고 있구나. 이제 그만 나를 살려야겠다고. 그날 이후 나는 다짐했다. 세상 사람들이 나를 향해 비난을 보내도 나는 나를 사랑해주겠노라고. 앞으로 누구보다 나를 사랑하겠다고. 수없이 많은 아픔을 겪어 왔음에도 누구보다 강인하게 지금까지 잘 살아온 나이기에 충분히 사랑받을 자격이 있다고. 가끔 지옥 같은 현실 앞에 좌절한 적도 있지만, 그럼에도 다시 일어섰던 나이기에. 나는 충분히 사랑받을 자격 있다고 되뇌고 또 되뇌었다. 요즘처럼 타인에게 관심이 없는 세상 속에서 나 자신마저 나를 외면한다면 그것만큼 가혹한 것도 없을 것이다.

그동안 뜻하지 않게 소녀 가장으로 살아오며 나보다는 가족을 먼저 생각하고 살았다. 하지만, 어느 순간 가족을 위해 홀로 애쓰는 나의 모습이 안쓰럽게 느껴졌다.

늘 나보다는 가족이 우선이었기에 나 자신에겐 소홀하게 대했기 때문이다. 그 시간이 거듭될수록 나는 점점 더 외롭고 공허해졌다. 돌이켜보니 가족들을 위하는 마음에 비해 나에겐 한없이 야박하게 굴었다. 그때 결심했다. 나에게 좀 더 친절해지고 나를 사랑해주자고. 그 시작은 바로 내가 좋아하는 것들을 찾고 실행하는 것이었다. 그중 하나가 바로 여행이었다. 그동안 가족을 위해 살았으니, 이제부턴 나를 위해 살기로 한 것이다. 여행을 시작으로 내가 좋아하는 것들을 하나둘씩 해나가다 보니 어느새 외롭고 공허했던 나의 마음에도 온기가 돌기 시작했다. 내가 좋아하는 것을 찾아가는 과정, 또 그걸 온전히 즐겼을 때의 만족감은 말로 다 표현할 수 없을 정도로 행복하고 즐거웠다. 내가 좋아하고 사랑하는 것들을 하면서 느낀 건 어떤 순간에도 나 자신을 함부로 대하면 안 된다는 것이었다. 즉 나를 함부로 대하는 순간 나를 사랑할 수 없게 되는 것이니까.

 어떤 순간에도 나를 탓하지 않는 것. 가끔, 우리는 필요 이상으로 나를 다그치고 탓하곤 한다. 생각해보면 실패하고 넘어져도 그 결과는 온전히 내가 감당하는데 말이다. 나를 사랑하는 일은 나를 알아가는 것에서부터 시작하면 된다. 나는 무엇을 좋아하고 어떤 것에 즐거워하는지. 나를 사랑하기 위해 가장 먼저 해야 할 일은 나에게 관심을 가지는 것이다. 그리고 내가 좋아하는 것들을 하나씩 찾아보고 실행해보는 것이다. 또한, 나의 자존감을 올려 줄 무언가를 가져보는 것도 필요하다. 내가 사랑하는 것들을 일상에서 자주 해보고 그 감정을 온전히 느끼고 누려야 한다. 생각해보면 우리는 모두 이 우주에 잠시 스쳐가는 손님과도 같은 존재이다. 언젠가는 한 줌의 흙이 되어 자연으로 돌아가는 것이 우리의 삶이기에 현재의 나를, 내 삶을 온전히 즐기고 사랑해야 한다. 그리고 잊지 말아야 할 사실은 모든 사랑은 나를 사랑하는 것에서부터 시작된다는 것이다.

나를 찾아가는 여정

 누군가는 태어나보니 금수저 인생이고 누군가는 흙수저도 없는 집안에서 태어나는 게 우리의 삶이다. 누구도 가난한 환경에서 자라길 바라는 사람은 없을 것이다. 하지만, 내가 태어난 환경이 그렇다면 빨리 그 상황을 받아들여야 한다. 좌절하고 부정해도 달라지는 건 없기 때문이다. 중요한 건 앞으로 나는 어떻게 살아갈지, 어떤 사람으로 살아갈지가 중요한 것이다.

 나는 아직도 나를 찾아가는 중이다. 어릴 적 내가 경

험한 환경은 많은 것이 금지되어있는 곳이었다. 그래서 내가 뭘 좋아하는지, 뭘 잘하는지조차 알 수 없었다. 오로지 살기 위해 사는 게 전부였다. 물론 그때의 경험이 내 삶의 지혜가 되었지만 말이다. 모든 것이 자유로워진 지금은 매 순간 나를 알아가는 재미로 살고 있다. 나를 알아가기 전까진 내가 좋아하는 게 없는 사람인 줄 알았다. 하지만, 무엇이든 할 수 있는 이곳에서 내가 좋아하는 것들을 찾아가며 누구보다 행복하고 즐거운 삶을 살고 있다. 주로 독서와 영화 보기를 좋아하고 글쓰기를 좋아한다. 특히, 여권 하나만 있으면 어디든 자유롭게 갈 수 있는 여행을 참 좋아한다.

 좋아하는 것이 있다는 게 얼마나 행복하고 감사한 것인지 매 순간 느낀다. 이 작고 소중한 일상의 소중함을 그전에는 몰랐다. 이제는 상상조차 할 수 없다. 이토록 소박하고 단란한 일상을 누릴 수 없었던 지난날의 내 삶을. 이렇게 작은 일상에 행복을 느끼고 만족할 줄 아는 사람이 나였다니. 새로운 여행지를 찾아가는 설렘처럼 새로운 나를 찾아가는 여정은 현재 진행형이다. 앞으로 또 어떤 모습의 나를 만나게 될지 궁금하고 또 기대된다. 어쩌면 그 길이 순탄하지만은 않을 수도 있다. 하지만, 한 가지 확실한 건 어떤 역경이 와도 나는 앞으로 나아갈 것이라는 확신이 있다. 그리고 삶의 여정을 마치고 마주한 마지막 순간에 이렇게 말하고 싶다.

"이만하면 잘 살았어. 그거면 됐어."

당연하지 않을 것들

  원하면 언제든 텃밭에서 유기농 채소를 채취해서 먹는 것. 매일 밤 밤하늘의 은하수를 보며 별똥별 떨어지는 것을 볼 수 있는 것. 고가에 팔리는 금도 직접 채취했던 것. 이 모든 일은 이제 나에겐 꿈같은 일이 되었다. 매일 누리고 살았던 그때는 몰랐다. 이 모든 것들이 얼마나 소중한지. 매일 밤 쏟아지는 별들을 보며 사촌언니와 도란도란 이야기 나누며 깔깔거리던 그 순간도, 함박눈이 펑펑 쏟아지는 겨울이면 친구들과 눈사람을 만들고 눈싸움을 하던 그 시절도 다신 오지 않을 기적 같은 시간이었다는 사실을 그때는 미처 몰랐다. 봄이 가면 여름이 오듯 그 시절도 다시 돌아올 줄만 알았다. 철없이 친구들과 뛰어놀며 집에 들어가기 싫어 부모님께 떼를 쓰던 그 순간도 다시는 오지 않을 소중한 추억이 되어버렸다. 모든 것에는 때가 있다는 사실을 조금 더 일찍 알았더라면, 이 순간이 지나면 다시는 돌아오지 않을 것이라는 사실을 조금 더 일찍 알았더라면 참 좋았을 텐데. 너무 당연하게 여기며 살았던 고향에서의 추억들은 이제 또 하나의 소원이 되었다.

몇 년 전 친구와 함께 코타키나발루에 여행을 간 적이 있다. 그곳에서 '반딧불이 투어'를 다녀왔다. 어릴 적에는 어디서든 어렵지 않게 볼 수 있었던 반딧불이를 이제는 이토록 먼 곳에 와서야 볼 수 있다니. 고향에서 누렸던 그 모든 것들에 감사한 마음이 들었다. 어쩌면 신이 인간에게 시련을 주는 건, 우리가 당연하게 여기는 것들이 당연하지 않다는 걸 알게 하기 위함일지도 모르겠다. 인간은 가진 것을 잃어보기 전에는 그것의 소중함을 모르니까.

출근길에 때마침 자리가 났을 때, 누군가 나에게 자리를 배려해줬을 때 그 배려 덕분에 그날 하루의 시작이 즐겁고 행복해지는 것. 때로는 이름 모를 누군가의 선행을 보고 마음이 따뜻해지는 것. 이러한 작은 배려가 깃든 하루의 시작은 늘 행복하고 감사하다. 아직 세상에는 좋은 사람들이 있구나 싶어서. 그리곤 생각한다. 나도 누군가에게 따뜻하고 좋은 사람이 되어야겠다고. 우리가 매일 누리는 일상이 때로는 지루해 보일지 몰라도 그 일상 속에는 작은 변화들이 존재한다는 걸 알기에, 누군가의 따뜻한 말 한마디에 미소가 번지기도 하고, 누군가의 작은 배려에도 행복해지고 감사함을 느낀다. 이처럼 작은 일상 속에서 작은 기쁨을 찾는 것이야말로 소소하고 진정한 행복이지 않을까. 당연하게 찾아오는 하루가 아닌 감사함과 기쁨이 있는 하루로 받아들이는 마음. 그런 마음으로 하루를 시작한다면 적어도 우리의 일상이 지루하진 않을 것이다.

용서라는 이름으로

 누군가를 미워하며 산다는 건 불행한 일이다. 그걸 알면서도 나는 그들을 미워했다. 가장 예쁜 시기의 나를 무참히 짓밟은 괴물들이니까. 그들은 사람이 아닌 괴물이었다. 적어도 나에겐 그들의 존재가 그랬다. 같은 인간의 모습을 했다고 해서 다 같은 인간이 될 순 없는 것이다. 나는 꽤 오랫동안 그 괴물들을 미워하고 증오했다. 하지만, 미워하고 증오해도 바뀌는 건 없었다. 어쩐지 그들이 나보다 더 잘 사는 것만 같았다. 절대 잘 살면 안 되는 인간들이 말이다. 사실 누군가를 미워한다는 건 누군가를 좋아하는 감정만큼이나 감정 소모가 크다. 그럼에도 나는 그들을 미워하는 것을 멈출 수가 없었다. 하지만, 날이 갈수록 내 삶은 의욕을 잃어가고 있었다. 그들을 계속 미워하다간 내가 먼저 지쳐 쓰러질 것 같았다. 결국, 나는 내가 살기 위해서 그들을 미워하는 것을 멈추기로 했다. 그리고 나를 위해 그들을 용서하기로 했다.

 살다 보면 뜻하지 않게 누군가를 미워하게 되는 상황이 올 때가 있다. 하지만 그 상황에 오래도록 머물면 안 된다. 누군가를 미워하다 보면 어느 순간 피폐해진 나의 모습을 발견하게 될 것이다. 나는 뜻하게 않게 청소년기에 인간의 탈을 쓴 세 명의 괴물과 마주하게 되었다. 그 괴물들은 하나같이 나의 육체를 탐했다. 그 괴물들이 나의 육체를 탐한 순간부터 나의 육체는 한낱 껍데기, 살덩이에 불과하다고 생각했다. 결국, 인간의 육체는 인간의 영혼을 시각적으로 표현한 또 하나의 부수적인 것일 뿐이라고. 그리고 참 다행이라 여겼다. 그 괴물들이 나에게서 빼앗아 간 것이 한낱 허물에 지나지 않는 육체뿐이라는 사실에. 그리고 그 괴물들을 온전히 용서하기로 했다. 그들이 나에게 한 짓은 인간이 인간에게 할 수 있는 것이 아니라고 생각하지만, 인간의 언어로 달리 표현할 수 없기에 용서라는 이름으로 나를 해방시켜 주기로 했다. 그 괴물들로부터, 그 지옥 같았던 고통의 시간으로부터.

 신을 믿진 않지만, 죄를 지으면 반드시 벌을 받을 것이라는 믿음이 있었다. 어떤 방법으로든 죄를 지은 자는 반드시 죗값을 받을 것이라 굳게 믿었다. 하지만 그렇지 않은 현실을 종종 마주하기도 했다. 그럴 때면 세상이 불공평한 것 같아 실망스럽기도 했다. 그럼에도 중요한 건 내 삶이라는 사실에 다시 한번 살아보기로 용기 냈다. 내가 바라는 건 딱 하나이다. 나와 같은 피해자들이 스스로 자신의 삶을 마감하지 않는 것. 힘들겠지만 내가 살기 위해서 가해자들을 용서하고 그 고통에서 자유로워지길. 원하지 않는다면 용서하지 않아도 된다. 다만, 자신의 삶을 함부로 대하진 않길 바란다.

아픔도 하나의 경험으로 받아들이는 것

 나를 포함해 많은 피해자들은 사회로부터, 가해자들로부터 스스로를 격리시킨다. 다른 말로 하면 이는 곧 고립이다. 왜 피해자들은 고립된 삶을 살아야 하는 걸까. 내가 당한 수치스러운 아픔을 누구에게도 떳떳하게 말할 수 없기 때문이다. 그리고 그 사실은 피해자를 더욱 외롭고 괴롭게 만든다. 사실 아무도 말하지 말라고 한 사람은 없다. 그렇다면 왜 피해자들이 쉽게 자신의 피해 사실을 말할 수 없는 걸까. 가장 큰 이유는 수치심 때문일 것이다. 피해 사실을 알리는 순간 나의 치부가 드러나는 느낌이니까. 나 또한, 나의 피해 사실을 글로 쓰고 온전히 마주하기까지 꽤 오랜 기간이 걸렸다.

"나의 아픔을 간직하고 산다면 짐이 될 것이고, 경험으로 받아들인다면 자산이 될 것이다"

얼마 전 법륜 스님이 〈유퀴즈〉에 나와서 하신 말씀이다. 이 말을 듣고 깨달았다. 결국, 나와 같은 피해자들이 그 아픔을 어떻게 받아들이냐에 따라 삶이 달라진다는 것을. 같은 아픔을 겪어도 그 아픔을 받아들이는 태도에 따라 그 사람의 앞날이 달라지는 것이다. 법륜 스님의 말처럼 나는 나의 지난 아픔들을 아픔으로 간직하지 않고 하나의 경험으로 받아들인 덕분에 건강하고 긍정적인 삶을 살 수 있었던 것이었다. 고통스러운 아픔을 하나의 경험으로 받아들인다는 것은 결코 쉬운 일은 아니다. 하지만, 그 아픔을 아픔으로만 간직하고 산다면 그 시간 속에 갇혀 사는 것과 마찬가지이다. 결국, 내가 살기 위해선 아파도 그 아픔을 하나의 경험으로 받아들이는 연습이 필요한 것이다. 누구도 그 아픔을 대신해 줄 수 없고 위로해줄 수도 없다. 온전히 내가 그 아픔을 극복하는 방법밖에 없다.

또한, 피해자들이 자신의 아픔을 솔직하게 털어놓을 수 있는 사회의 따뜻한 시선도 필요하다. 적어도 내가 당한 아픔이 수치스러워서 쉽게 말 못 하는 그런 사회 분위기가 형성되지 않기를 바란다. 나의 아픔을 함께 나눌 수 있는 우리의 따뜻한 관심과 시선이 필요하다. 무엇보다 피해자 스스로가 자신을 괴롭고 외롭게 만들지 말아야 한다. 그렇지 않으면 평생 그 아픔의 트라우마 속에서 앞으로의 삶도 고통스럽게 살게 될 수도 있다. 아픔이 반복되지 않으려면 그 사실을 받아들이고 그 고통에서 나를 해방시켜 줘야 한다. 그때에서야 다가올 나의 삶에 더 집중할 수 있게 될 테니까. 또한, 어쩔 수 없이 직면해야 하는 세상의 불편한 시선에도 움츠러들지 않는 단단한 마음을 갖고 살아가야 한다. 그래야 세상이 어떤 시선으로 나를 보든지 그 시선으로부터 자유로운 삶을 살 수 있다.

사랑하는 어머니에게

 언젠가 어머니가 나에게 말했다. 맏딸 결혼식만큼은 당신의 손으로 해주고 싶다고. 하지만 지킬 수 없는 약속이었다. 하지만 괜찮다. 그 말 한마디만으로도 나에겐 큰 위로였고, 적어도 어머니가 나를 사랑한다는 느낌을 받았으니까. 그런 어머니의 말이 무색하게 내가 결혼한 지도 벌써 2년이 다 되어간다. 그리고 작년 하반기부터 임신을 준비하던 우리에게 새해 선물처럼 2세가 찾아와줬다. 2세 준비를 하면서 알게 되었는데, 요즘은 자연임신이 정말 쉽지 않다는 것이다. 그래서 더 감사하고 소중한 순간이었다. 2세가 생기고 난 후 어머니 생각이 많이 났다. 부모의 마음은 부모가 되어봐야 안다고 했던가. 아직 예비 부모라 부모님의 마음을 온전히 이해할 순 없지만, 어렴풋이는 알 것 같다. 어릴 적 아빠의 폭력에도 이혼하지 않았던 엄마의 마음을. 사실 어릴 적에는 자식 때문에 이혼하지 못한다는 어른들의 말이 이해되지 않았다. 그저 하나의 핑계 같았다. 솔직히 지금도 어머니의 그 마음을 온전히 이해할 수는 없다. 언젠가 기회가 된다면 직접 물어보고 싶다. 그 힘들고 아픈 시간을 왜 끌어안고 살았는지. 그래도 어머니가 이혼하지 않고 가족을 지켰기에 잠시였지만 나와 동생에게는 온전한 가족의 품이 있었다. 비록 짧은 시간이었지만 나에게는 더없이 소중한 시간이었다. 적어도 가족이라는 울타리를 느낄 수 있었으니까. 예비 엄마이자 어머니의 딸로서 고향에 계신 어머니에게 짧은 편지를 남겨보려 한다.

사랑하는 어머니에게

어머니, 잘 지내고 계신가요?

저는 23년도 6월에 결혼하고 씩씩하게 잘 지내고 있어요. 맏딸인 제 결혼식만큼은 어머니 손으로 꼭 해주고 싶다던 어머니의 말을 기억해요. 어머니의 그 말이 참 많은 위로가 됐어요. 아버지도 없고 어머니도 없는 결혼식이었지만, 많은 사람들의 축복 속에 결혼식도 잘 치렀어요. 그러니 너무 걱정은 하지 마세요. 어머니, 올해 9월에 저도 엄마가 돼요. 작년부터 임신을 계획해서 올해 새해 선물처럼 2세가 찾아왔어요. 태명은 '알팡'이라고 지었어요. 어머니가 저에게 알팡(강냉이)을 튀겨 오라고 시켰던 어느 겨울날. 제가 강냉이 자루를 통째로 잃어버려서 할머니 집으로 말없이 가버렸던 날을 기억하시죠? 그날 저는 어머니가 저를 혼낼까 두려워 말없이 할머니 집으로 도망갔었죠. 하지만, 어머니는 다음 날 아침 할머니 집으로 오셔서 저를 보고 걱정 많이 했다며 앞으로는 그러지 말라고 타이르셨죠. 밤새 잠도 못 주무시고 걱정

하셨다고요. 그때는 몰랐어요. 자식을 걱정하는 어머니의 깊은 사랑을. 하지만, 이젠 알겠어요. 어머니의 그 마음을. 어머니의 자식에서 저도 이젠 누군가의 어머니가 되어야 하니까요. 어머니, 나이가 먹어도 부모님이 그립다는 말을 전에는 이해하지 못했어요. 하지만, 해가 거듭될수록 그 말의 뜻을 알겠어요. 그리움이란 어떤 것인지 말이죠. 어머니, 제가 바라는 건 어머니와 제 동생 소연이 그리고 소연이의 가족이 건강하게 잘 지내는 것뿐이에요. 건강하게 각자의 자리에서 잘살고 있으면 언젠가 우리 만나는 날이 오겠죠. 저도 알광이를 건강하게 잘 키우며 제 삶을 살고 있을게요. 우리 다시 만나는 그날까지 건강히 지내요. 사랑합니다. 그리고 고맙습니다. 사랑하는 딸이 멀리서나마 이렇게 안부 인사를 보내요. 부디, 건강하세요.

  사랑하는 맏딸, 이소원 드림.

뚜벅뚜벅, 당당하게

 가끔 나만의 길을 흔들림 없이 간다는 것이 참 쉽지 않음을 느낀다. 그럼에도 나는 한 걸음 한 걸음 뚜벅뚜벅 당당하게 걸어가고 싶다. 지난 30년간 쉼 없이 달려왔고 폭풍 같은 삶을 살아왔기에 거북이 같은 걸음으로 천천히 걸어가고 싶다. 때론 남들보다 한 발짝 뒤에서 거북이걸음으로 마라톤을 하는 느낌이지만, 그래도 나는 지금의 이 속도가 좋다. 오히려 나만의 페이스대로 내 삶을 향해 가고 있으니 말이다. 정처 없이 떠도는 불안한 삶이 아닌 안정된 나의 삶을 찾아가는 것. 그래서일까, 나를 지나쳐 앞으로 치고 나가는 이들을 보아도 부럽지 않다. 각자 저마다의 속도가 있고 저마다의 삶이 있기에.

  특히, 요즘은 나만이 할 수 있는 일, 내가 잘할 수 있는 것들을 하나씩 해가며 나의 삶을 채워나가는 것이 얼마나 즐겁고 행복한지 모른다. 어렸을 적에는 그럴 여유가 없었다. 내 의도와는 상관없이 닥쳐오는 삶의 시련들을 헤쳐나가기에 급급했으니까. 그 순간의 상황을 어떻게 하면 지혜롭게 잘 헤쳐나갈 수 있는지 고민하고 방법을 찾느라 바빴다. 그렇게 숨 가쁘게 살아와서인지 요즘은 뭐든 느긋하고 차분하게 하는 것이 좋다. 적어도 내 삶만큼은 누군가에게 쫓기듯 조급하게 살고 싶지 않은 마음이다.

  앞으로도 내 속도에 집중하며 내 뜻대로, 능동적으로 삶의 즐거움들을 만끽하며 살고 싶다. 뚜벅뚜벅 당당하게 그리고 유연하게.

인생에서 가장 중요한 것은 본인만의 속도를 찾는 것이다. 나만의 속도를 찾지 않는다면 외부의 요소에 흔들리기 쉽다. 내 삶이 외부의 요소에 흔들리지 않으려면 내 안의 중심을 잘 잡고 있어야 한다. 어떤 역경에도 흔들리지 않을 나만의 중심. 그리고 그 중심을 잘 유지하기 위해선 나만의 방법과 속도로 뚜벅뚜벅, 당당하게 걸어가야 한다.

다 그럴만한 이유가 있다고

 알고 보면 쉬운 인생은 없는 것 같다. 모두 각자의 아픔과 사연을 가지고 있으니. 누구나 인생 참 힘들다고 생각한 적이 있을 것이다. 저마다 찾아오는 시기와 아픔의 크기가 다를 뿐 누구에게나 한 번쯤 인생의 시련이 찾아오기 마련이니까. 사실 나도 순간순간 '왜 나한테만 이렇게 가혹한 일들이 생길까?'라며 한탄했던 적이 있었다. 어느 날 갑자기 부모님이 없어지고 집도 빼앗기고 또 친척들에게 성폭력까지 당하게 되는 고된 인생. 이토록 고통스러운 삶을 상상해본 적은 단 한 번도 없었다. 짧은 몇 문장으로 지난 30년간의 내 삶을 표현하기엔 턱없이 부족하다는 것도 잘 안다. 또한, 어떤 삶을 살아왔는지는 본인 당사자만 안다. 그렇기에 타인을 함부로 판단하면 안 되는 것이다. 직접 겪어보지 않으면 우린 그 아픔에 온전히 공감할 수 없기 때문이다. 그렇기에 우리에겐 있는 그대로의 그 사람을 바라봐주는 연습이 필요하다. 만약 어렵다면 이렇게 생각해보면 좋겠다. 세상에 사연 없는 사람 없고 아픔 없는 사람도 없다고. 애초에 타인과 나는 모든 것이 다르다고 말이다. 사실 나 또한 모든 사람을 있는 그대로 받아들이고 온전히 이해하기가 쉽지 않다. 그래서 이렇게 생각하기로 했다. 누군가 예상하지 못한 행동을 할지라도 그럴만한 이유가 있을 거라고.

어렸을 적 할아버지가 나에게 늘 하시던 말씀이 있다. 세상사 다 그럴만한 이유가 있다고. 사실 당시엔 할아버지의 말이 이해되지 않았다. 그런데 이젠 그 말의 뜻을 알 것 같다. 알고 보면 다들 나름의 사정이 있고 이유가 있다는 것을. 물론 그럼에도 이해할 수 없는 행동을 하는 사람들이 있지만 말이다. 아이러니하게도 내가 지금의 내 삶에 감사하며 살 수 있는 이유는 과거에 불행한 일들을 많이 경험했기 때문이다. 어쩌면 자기합리화가 아니냐고 할 수도 있지만 나는 정말 그렇게 생각한다. 그 불행을 경험했기에 지금의 일상이 소중함을 알았고, 또 삶의 소중함을 알게 됐으니까. 만약에 내가 어떤 아픔도, 불행도 겪지 않았더라면 지금처럼 삶의 매 순간에 감사하며 살진 않았을 것이다. 결국, 중요한 건 어떤 마음으로 세상을 살아가느냐이다. 우리는 서로 상처를 주고받으며 살아간다. 그 과정에서 성장하는 것이 바로 인간이다.

누군가 나에게 외롭고 힘든 순간들이 있었냐고 묻는다면 당연히 그렇다고 답할 것이다. 나의 첫 책을 읽어본 분들이라면 알겠지만, 어떤 독자분은 내 책을 읽고 영화 같은 삶이라고 말했다. 그만큼 내가 겪은 일들이 믿기지 않는다는 것이다. 지난 과거를 통해 얻게 된 게 있다면 뭐든지 긍정적으로 생각하고 행동하려 한다는 것이다. 이미 벌어진 상황을 탓하기보다 그 상황을 어떻게 헤쳐나갈지 고민하고 방법을 찾는 것. 단순한 논리같이 보일 수도 있지만, 많은 면에서 아주 중요한 점이다. 자신의 관점을 조금만 바꾸면 생각보다 인생이 어렵지 않을 수도 있다. 그저 앞으로 다가올 상황들을 차근차근 잘 헤쳐나가는 것. 사람도 상황도 내 삶을 옭아매는 시선에서 자유로워지면 되는 것이다.

포기하지 않는 한 삶은 언제나 내 편

 평소 유튜브를 통해 강연을 많이 보는데 우연히 펜실베니아 주립대학교 사회학과 교수인 샘 리처드 교수님의 강연을 봤다. 샘 리처드 교수님은 한국을 사랑하시기로 유명한 분이다. 아마도 아는 사람들은 한 번쯤 유튜브에서 본 적이 있을 것이다. 어쨌든 교수님의 강연을 찾아보며 자연스럽게 교수님을 좋아하게 됐고 교수님을 만나고 싶은 마음에 용기 내서 교수님께 연락드렸다. 그 덕분에 교수님을 직접 만날 수 있었다. 그리고 교수님의 소개로 별마당 도서관에서 강연도 할 수 있게 되었다. 이 글을 빌려 교수님께 감사 인사를 전한다. 만약 내가 교수님에게 연락하지 않았더라면 교수님과의 만남도, 별마당도서관에서 강연할 수 있는 기회도 없었을 것이다. 이것만 봐도 용기 내서 실천하는 것이 얼마나 중요한지 알 수 있다. 물론 모든 실천이 긍정적일 순 없을지라도 말이다.

 강연주제는 '삶을 대하는 태도'로 정했다. 우리 삶은 어떤 태도로 대하는지에 따라 달라질 수 있다고 생각했기 때문이다. 기회도 준비된 사람만이 잡을 수 있다는 말 또한 삶을 대하는 태도와 일맥상통하는 부분이라고 할 수 있다. 능동적으로 좋은 기회를 만들어가고 그 기회를 잡는 것 또한 삶을 대하는 태도 중 하나라고 할 수 있다. 어릴 적부터 다양한 일들을 경험하며 깨달은 건 내가 포기하지 않는 한, 삶은 나를 포기하지 않는다는 사실이다. 즉 삶에 어떤 시련이 닥쳐와도 포기하지 않고 헤쳐나가려는 의지만 있다면 길은 반드시 생긴다는 것이다. 또 하나 중요한 사실은 누구나 저마다의 시기가 있다는 것이다.

어릴 적부터 혼자 살아오면서 모든 것을 스스로 책임져야 한다는 책임감이 강했다. 그래서일까 내 삶에 대한 애착도 남들보다 더 컸다. 온전히 나의 손으로 이뤄온 내 삶이기에 더 소중하고 애틋하다. 한 걸음 한 걸음 내 삶의 모든 여정이 감사한 이유이기도 하다. 나도 처음부터 내 삶을 아껴왔던 건 아니었다. 아낄 여유도 없이 그저 힘듦을 묵묵히 견뎌왔을 뿐이었다. 그렇게 시간이 지나고 내 삶을 돌아보니 악착같이 버티며 지켜온 내 삶이 참 소중하게 느껴졌다. 지금 당장 힘들지라도 하루하루 견디며 살다 보면 누구에게나 화양연화 같은 순간은 오리라 믿는다. 그 순간에 이렇게 추억해보면 좋겠다. 내가 내 삶을 포기하지 않았기에, 긍정적인 태도로 내 삶에 임했기에 이런 날이 올 수 있었다고 말이다.

에필로그: 작가의 말

 아주 어릴 적에는 막연하게 하루빨리 어른이 되고 싶다고 생각하곤 했었습니다. 누구의 동의와 허락이 없어도 모든 것을 원하는 대로 할 수 있는 어른의 자유가 부러웠거든요. 하지만 어릴 적 그토록 바라던 어른이 된 지금은 알고 있습니다. 어른은 절대 자유롭지 않다는 것을요. 자유로움 속에는 수많은 제약과 책임이 따른다는 사실도요. 청소년 시기에 탈북하여 한국에 입국했을 때만 해도 저는 누군가의 보호가 필요한 미성년자였어요. 하지만 어느덧 시간이 흘러 성인이 되었고 반듯한 저의 가정도 이뤘습니다. 덕분에 오랫동안 외톨이 인생을 살아오던 제 삶에도 온기가 돌기 시작했어요. 그럼에도 가끔, 불청객처럼 외로움이 찾아오는 순간들도 있습니다. 그래도 괜찮아요. 흩어진 퍼즐 조각을 찾아 맞춰가듯 제 삶도 조금씩 안정을 찾아가고 있으니까요.

 때로는 이 평온한 일상이 갑자기 무너질까 불안하고 두렵기도 하지만, 그 두려움에 갇혀 현재의 삶을 망치고 싶진 않아요. 그동안 많은 아픔과 이별을 겪었기에 더 이상의 시험은 없을 것이라고 믿어요. 설령, 또 어떤 아픔이 찾아온다고 해도 저는 지금껏 그랬던 것처럼 의연하게 잘 헤쳐나갈 자신이 있거든요. 저는 현재 저에게 주어진 선물 같은 시간을 누구보다 소중하게 간직하고 싶어요. 어릴 적 그토록 바라던 성인이 된 지금의 제가 너무 좋거든요. 그동안 늘 바라왔던 평범하고 소박한 일상을 누리고 있는 현재의 제 삶에 감사할 따름입니다.

다가올 내일을 예상할 수 없고 준비할 수 없는 것이 우리의 삶입니다. 그저 나에게 주어진 삶을 매 순간 즐기며 사는 것만이 우리가 할 수 있는 최선인지도 모르겠습니다. 삶이 지치고 힘들 때, 누군가의 응원과 위로가 간절히 필요할 때 이 책이 작은 용기와 위로가 되었으면 좋겠습니다. 적어도 이 책을 읽는 순간만큼은요. 부디, 여러분의 일상에도 작은 행복이 깃들길 바라며, 누구보다 자기 자신을 믿고 사랑하는 삶을 살아가면 좋겠습니다.

불편한 관심

초판 1쇄 인쇄	2025년 6월 4일
초판 1쇄 발행	2025년 6월 16일

지은이	이소원
펴낸이	이장우
책임편집	송세아
디자인	theambitious factory
편집 제작	안소라 김소은
관리	김한다 한주연
인쇄	KUMBI PNP
펴낸곳	도서출판 꿈공장플러스
출판등록	제 406-2017-000160호
주소	서울시 성북구 보국문로 16가길 43-20 꿈공장 1층
이메일	ceo@dreambooks.kr
홈페이지	www.dreambooks.kr
인스타그램	@dreambooks.ceo
전화번호	02-6012-2734
팩스	031-624-4527

* 저자 고유의 '글맛'을 위해 맞춤법 및 표현 등은 저자의 스타일을 따릅니다.

이 도서의 판권은 저자와 꿈공장플러스에 있습니다.
이 책은 저작권법에 의해 보호받는 저작물이므로 무단전재와 무단복제를 금합니다.

ISBN	979-11-92134-98-7
정가	16,700원